AF555170

APPEL
AU TRIBUNAL
DE L'OPINION PUBLIQUE,

Par le Commiſſaire-Ordonnateur, DONI.

A PERPIGNAN,
De l'Imprimerie de J. Pourtet & Julia.

L'AN III DE LA REPUBLIQUE.

APPEL
AU TRIBUNAL
DE L'OPINION PUBLIQUE,

Par le Commiſſaire-Ordonnateur, DONI. (1).

LE 4 ventôſe, *Millous* & *Caſtelnau*, employés à l'hôpital de la Montagne, furent condamnés par les repréſentans Milhaud & Soubrany, à être expoſés aux regards du peuple, comme *ennemis de l'humanité*, ſur le rapport qui leur fut fait par *Peyron*, ci-devant commandant de la place de Perpignan, qu'ils avaient refuſé l'entrée de l'hôpital à nos frères d'armes malades, & que certains d'eux avaient expiré à la porte.

Convaincu de l'innocence de ces deux employés, qui faiſaient proviſoirement les fonctions de directeurs; guidé par la juſtice & l'humanité, je me portai chez les repréſentans du peuple, & leur expoſai l'innocence de ces deux malheureux; au même inſtant, ſans être écouté, ſans qu'il m'ait été accordé de faire paraître le directeur-principal proviſoire, auquel j'avais donné les inſtructions & les ordres néceſſaires, je fus ſaiſi & condamné à la même peine. Après avoir ſubi deux heures ce ſupplice cruel, nous fûmes tous les trois traduits au Caſtillet, & dénoncés au tribunal révolutionnaire.

Enſuite d'un mois de détention ſans avoir été interrogé, j'adreſſai

(1) *Doni* n'a été ni deſtitué ni ſuſpendu.

une pétition aux repréſentans, dans laquelle je perſiſtai à reconnaître l'innocence des deux victimes, au ſecours deſquelles j'avais couru; & je fournis, par ma correſpondance avec les repréſentans, l'ordonnateur en chef & le directeur-principal proviſoire des hôpitaux, les preuves non équivoques de la mienne.

Dans le cours de la procédure, on m'a fait un grief de mes ſentimens à l'égard de *Millous* & *Caſtelnau*; cependant, par un jugement du tribunal militaire, du 3 prairial, ils ont été acquittés; & moi, qui avais été mis en cauſe avec eux pour avoir fait le devoir d'un fonctionnaire ſenſible & humain, en cherchant à deſſiller les yeux des repréſentans du peuple, j'ai ſupporté tout le poids du courroux du tribunal, qui a déclaré dans l'article qui me concerne au jugement, que *j'avais été ſuffiſamment puni de ma négligence.* (1).

Enfin, j'ai paſſé ſix mois & demi dans la captivité la plus cruelle, ſans avoir obtenu aucune réparation; la juſtice des repréſentans du peuple a toujours été ſourde aux cris de mon innocence généralement reconnue. Aſſez malheureux pour n'avoir jamais pu parvenir à obtenir la moindre réponſe aux différentes pétitions que j'ai adreſſées; flétri, proſcrit, abandonné, ſans l'avoir mérité, je me détermine à faire imprimer ma correſpondance ſur les hôpitaux, depuis le 20 pluviôſe ſeulement, comme commiſſaire-ordonnateur de la dixième diviſion militaire, employé à l'armée des Pyrénées orientales, dont j'exerçais les fonctions depuis quatre mois, & dont je connaiſſais le travail depuis deux ans que je ſuis employé dans cette même diviſion.

Mes concitoyens liront la vérité; le peuple, mon ſeul & mon unique ſouverain, me protégera & me fera rendre la juſtice que des

---

(1) Le numéro 29, ſecond trimeſtre du journal de *l'avant-garde* de l'armée des Pyrénées orientales, en date du 15 meſſidor, rend compte de ce jugement, véritable imbroglio, digne des temps déſaſtreux des parlemens, où la paſſion & l'argent dictaient les arrêts.

hommes placés par lui aux premières fonctions, me refusent d'une manière constamment tyrannique.

Il connaîtra si le tribunal qui m'a jugé révolutionnairement, au mépris des lois des 14 & 19 floréal, qui l'obligeaient *à appeler des jurés pour prononcer sur les faits*, a rempli les devoirs qui lui étaient imposés par les décrets; & enfin si mon administration, démontrée par ma correspondance, a pêché par inertie ou par négligence.

Privé de ma liberté, réduit à l'état de santé le plus déplorable, désespérant de voir jamais la fin de cette malheureuse affaire, réclamant contre la nullité d'un jugement illégal, j'ai cru devoir prendre le parti de publier l'extrait de ma correspondauce pendant quatre décades, & jusqu'au moment de mon arrestation.

J'ai noté les lettres & rapports qui sont restés sans réponse; il est nécessaire que le lecteur veuille bien y faire attention : je n'ai pu m'empêcher d'insérer quelques lettres ou réquisitions de peu d'intérêt, afin de mettre scrupuleusement à évidence tout ce qui avait rapport aux hôpitaux.

On se persuadera facilement que je n'ai pas eu la prétention de donner de l'esprit à un travail naturellement aride, & qui n'avait pour but que de faire marcher révolutionnairement l'administration des hôpitaux : je le présente tel qu'il existe aux registres de l'ordonnateur de la dixième division, avec la confiance qu'on m'y verra marchant toujours sur la ligne révolutionnaire, & m'occupant sans cesse des moyens d'améliorer l'état des hôpitaux, pour lesquels j'ai constamment fait, depuis deux ans, tout ce qui a dépendu de mon zèle & de mon activité.

HOPITAUX MILITAIRES.

EXTRAIT DES REGISTRES GÉNÉRAUX,

Numéros III & IV de la Correspondance du Commissaire-ordonnateur de la 10.e Division militaire, à Perpignan.

Du 20 Nivôse.

. . . .

N.° 254.

Aux Administrateurs du département des Pyrénées orientales.

Administration générale.

. . . . POUR s'expliquer cathégoriquement, il faut dire que les hôpitaux manquent d'infirmiers & de journaliers; que tous les ateliers pour la confection des habillemens languissent, faute d'ouvriers; que les ouvrages de maçonnerie, de ferrurerie & de menuiserie, qui sont extrêmement nécessaires pour les hôpitaux, sont interrompus par défaut de manouvriers. Qui pourra m'en procurer? La municipalité ne peut agir que dans sa commune, le district n'a de pouvoir que dans son enclave; mais le département qui correspond avec toutes les communes & les districts de son arrondissement, doit savoir où & dans quels lieux il lui sera possible de procurer à l'armée les ouvriers de toute espèce que je viens de détailler.

Je vous prie donc, citoyens, d'entrer dans les peines où je me trouve; vous pouvez agir efficacement en déployant en ce moment de crise tous les ressorts de votre patriotisme & de votre intérêt pour l'armée qui va rendre à la liberté cette partie de votre territoire envahie par les esclaves. Vous me connaissez assez depuis que j'habite parmi vous, pour ne pas douter de ma sollicitude, & croire que c'est moins pour sauver ma responsabilité, que par attachement pour le sol des Pyrénées orientales, que je réclame votre attention ſur le grand objet dont je vous fais part.

Salut & fraternité montagnarde,

Signé, le Commiſſaire-ordonnateur, DONI.

Du 20 Nivôſe.

L'AMOUR des métaux, citoyens, qui paraliſe les bras des ouvriers ſourds au *maximum*, nous met dans la néceſſité de pourvoir au plutôt & par tous les moyens qui feront en notre pouvoir, aux ouvrages des ateliers & des hôpitaux qui languiſſent faute d'ouvriers.

N.° 155.

Aux Adminiſtrateurs du diſtrict de Perpignan.

Adminiſtration générale.

Je vous informe que je viens d'inſtruire le département & la municipalité, qu'il eſt inſtant de nous procurer, par tous les moyens de réquiſition poſſibles, des maçons, menuiſiers & ferruriers, pour les travaux des hôpitaux qui ſont ſous la conduite du citoyen *Torreilles*, chargé de cette partie.

Je vous requiers, citoyens adminiſtrateurs, au nom du ſalut de l'armée, d'adreſſer de vigoureuſes réquiſitions dans toutes les communes de votre reſſort, à l'effet d'obtenir de leur patriotiſme, qu'elles vous envoyent de bons ouvriers ſuſceptibles de travailler pour du papier, & au prix du *maximum* : il eſt inſtant que cette meſure réuſſiſſe, & je la recommande à votre adminiſtration.

Salut & fraternité montagnarde,

Signé, le Commiſſaire-ordonnateur, DONI.

Du 21 Nivôſe.

PLUSIEURS fois, citoyens, j'ai écrit à la municipalité pour la prier de porter toute ſon attention ſur la néceſſité de faire nétoyer les rues, places, carrefours, remparts, eſplanades, enfin tous les lieux publics & privés dont la tenue propre tient eſſentiellement à la ſalubrité de l'air, & par conſéquent à la ſûreté de l'exiſtence de l'armée & des habitans.

N.° 156.

A la Municipalité de Perpignan.

Adminiſtration générale.

Pour remplir toutes les dispositions nécessaires, & attendu que le service de la place de Perpignan me regarde particulièrement, que j'en suis même responsable, d'après la loi, j'avais lieu d'attendre que la municipalité, d'accord avec le commandant de la place, seconderait mes efforts, & qu'enfin on prendrait des mesures pour rendre Perpignan salubre, en exportant toutes les ordures dont la ville est encombrée. N'ayant reçu aucune réponse à ce sujet, n'ayant pas même su qu'on s'en était occupé, je suis forcé de rappeler à la municipalité, qu'il est de notre devoir de ne pas perdre un instant à remplir cette importante disposition. Je préviens la municipalité que je ne puis m'empêcher de lui laisser, à cet égard, tout le poids de la responsabilité.

Salut & fraternité,

Signé, le Commissaire-ordonnateur, DONI.

Du 21 Nivôse.

N.° 257.

Au Commandant de la place RESNIER.

Administration générale.

J'AI écrit différentes fois, général, à la municipalité de Perpignan, pour la prier de porter toute son attention sur la nécessité de faire nétoyer les rues, places, carrefours, remparts, esplanades, & enfin tous les lieux publics & privés dont la tenue propre tient essentiellement à la salubrité de l'air, & par conséquent à la sûreté de l'existence de l'armée & des habitans. J'aurais cru qu'elle aurait eu égard aux instances réitérées que je lui ai faites, elle ne m'a pas répondu; & attendu que le service de la place me regarde particulièrement, & que j'en suis responsable, je te prie, citoyen général, de vouloir bien prendre, d'accord avec la municipalité, les mesures les plus promptes pour rendre Perpignan salubre, en exportant toutes les ordures dont la ville est encombrée; & tu dois sentir combien il est urgent de remplir cette importante disposition.

Salut & fraternité,

Signé, le Commissaire-ordonnateur, DONI.

Du

Du 22 Nivôse.

N°. 265.

A l'Ordonnateur en chef.

Sur la loi du 14 frimaire.

L'ARTICLE XVI de la section III, qui traite de la compétence des autorités constituées, voulant que toutes les relations entre tous les fonctionnaires publics, ne puissent plus avoir lieu que par écrit, en conséquence je te prie & requiers, si besoin est, cher ordonnateur, à l'effet qu'il soit pris entre nous & pour le plus grand bien du service qui nous est confié, & dont le poids de la responsabilité est accablant, les mesures les plus expédientes & les plus sûres pour obvier à tout retard d'exécution des ordres, prévoir tous les détails de service, & que chacun connaisse bien clairement l'étendue des devoirs imposés.

Comme chargé du service de la place de Perpignan, où j'ai des hôpitaux, des magasins, des troupes, des détails immenses de logement, cazernement, déserteurs, prisonniers, &c., je demande si les commissaires des guerres attachés à cette même place, & par conséquent sous mes ordres, doivent correspondre avec toi ou avec moi; s'ils doivent se réunir chez toi ou chez moi; enfin s'ils relèvent de toi ou de moi : je te prie, mon cher ordonnateur, de résoudre mes incertitudes, & d'imprimer, ainsi qu'il appartient à un chef, le mouvement qui doit vivifier notre administration languissante sans organisation. -- *Perrier*, chargé des hôpitaux ambulans, des prisonniers, &c., doit me rendre compte de ses opérations, & correspondre avec moi, ainsi que *Tabarié*, auquel je viens de donner l'ordre de s'installer à la citadelle, avec les instructions nécessaires. -- *Angles*, chargé des logemens & cazernemens de la place & des troupes qui sont à Perpignan, ne doit pas moins se réunir à moi, & traiter exclusivement avec moi tous les détails de son service. — *Muxart*, imbu des véritables principes, n'a pas besoin d'y être rappelé.

Quant aux commissaires des guerres *Grand-maison* & *Peignon*, chargés des charrois, des vivres, fourrages, &c., je ne crois pas qu'ils ne doivent dans leurs parties respectives, traiter & correspondre avec d'autres que l'ordonnateur en chef. Fixe, je t'en prie & t'en requiers de nouveau, cette organisation importante pour moi.

C'est moins la pénalité des fonctionnaires, exprimée dans le décret du 14 frimaire; que l'amour de l'ordre, de la discipline & d'une bonne & sage administration, qui me presse de te solliciter d'arrêter définitivement la mesure efficace qui fixe les devoirs d'un chacun.

Je désire, comme tu me rends assez de justice pour n'en pas douter, que mon ordonnatoriat s'achève sans aucun évènement facheux; & mon espoir étant d'obtenir la permission d'aller embrasser mes parens, aussitôt que les circonstances pourront le permettre par l'arrivée du citoyen *Liautey*, il sera satisfaisant pour moi de remettre mon service en ordre, & que mes concitoyens puissent dire de moi : Il a fait son devoir sans reproches.

Salut & fraternité,

Signé, l'Ordonnateur, DONI.

Du 22 Nivôse.

N.° 174.

Au Commissaire des guerres, MUXART.

Hôpitaux.

L'ENCOMBREMENT des malades qui existe à l'hôpital sédentaire, mon cher camarade; les appréhensions trop fondées d'épidémies qui sont venues augmenter nos peines, & la facilité de nous procurer demain quarante voitures susceptibles d'évacuer environ 200 malades, pour lesquels le directeur principal a déjà formé une halte à Fitou où toute l'évacuation pourra coucher; tous ces motifs me pressent de t'écrire, pour que, sans perdre le moindre temps, tu rassembles les officiers de santé, à l'effet qu'ils désignent demain de très-grand matin le nombre de 200 malades susceptibles de l'évacuation que nous projettons, & qu'il faut regarder comme indispensable dans la position où nous nous trouvons; le directeur principal, dont le zèle & la prévoyance sont infatigables, vient de prendre toutes les mesures nécessaires pour assurer parfaitement les secours que nous devons à nos frères d'armes. Les voitures sont commandées, & nous n'avons plus besoin pour cette évacuation que des dispositions qui te sont relatives, & que le bien de l'humanité exige que tu fasses, sans la moindre hésitation; en conséquence de cette détermination urgente, tu rendras responsables ceux qui s'opposeraient, sans des motifs bien puissans, à cette disposition : c'est te dire que tu encours la même responsabilité.

Signé, DONI.

Du 23 Nivôse.

N.° 280.

Au Régisseur général des hôpitaux de l'armée.

Hôpitaux.

. . . .
. . . . Nous manquons de fournitures de toute espèce; & au moyen des plans d'établissemens que les ordres du ministre pour la distinction des hôpitaux nous contraignent de faire, il est de la dernière urgence que tu prennes les moyens les plus expédiens pour fournir promptement le directeur principal *Pankouke*, qui a épuisé toutes ses ressources.

La grande quantité de nos malades nous donne chaque jour la plus vive inquiétude.

Narbonne étant trop éloigné, nos moyens d'évacuation se trouvent nuls ou meurtriers, par le défaut de voitures suspendues & l'usage qu'on est obligé de faire de voitures roulières : il a été arrêté qu'on formerait même dans le sein de Perpignan de nouveaux établissememens, pour lesquels il faut des fournitures & des denrées de toute espèce ; cet objet important doit solliciter toute ton attention ; ton voyage ici est indispensable ; j'en ai prévenu les représentans du peuple près cette armée, qui sont convenus avec moi qu'il fallait de grandes mesures & de puissans moyens pour faire marcher l'administration des hôpitaux, à laquelle nous voulons enfin imprimer le mouvement & le caractère qui lui conviennent ; & tu dois bien penser que nous avons besoin de ta présence pour ces grands desseins.

Salut & fraternité,

Signé, le Commissaire-ordonnateur, DONI.

Dudit jour.

N.° 285.

Au Commissaire des guerres, MUXART.

Hôpitaux.

D'après les réflexions que tu m'as proposées, mon cher camarade, relativement au transport du bois à l'hôpital militaire, je t'engage à te concerter avec le commissaire *Grand-maison*, pour leur exécution ; attendu qu'étant chargé de la partie des charrois, il peut prendre toutes les mesures que l'importance de la chose exige pour remplir tes vues. Tu feras, conjointement avec lui, tout ce que ta prévoyance te ſuggérera ; je n'aurai, j'eſpère, qu'à applaudir à tes démarches. —— J'ai reçu l'extrait mortuaire du citoyen *Bazile Barbut*, que tu m'as adreſſé.

Quant aux locaux exiſtans aux tanneries de la ville, dont tu me parles, il eſt néceſſaire que nous les voyons de nos propres yeux ; en conſéquence nous pourrons nous occuper de cette opération dans la courſe que nous ferons enſemble demain, & pour laquelle je te prie de me donner ton heure, ſans plus tarder.

Signé, l'Ordonnateur, DONI.

Du 23 Nivôſe.

N.° 286.

Au Commiſſaire des guerres, GRAND-MAISON.

Hôpitaux.

JE ſuis informé, mon cher camarade, que le commiſſaire *Muxart* t'a requis pour un ſervice de quatre-vingt-dix voitures et un charriot pour évacuer demain 400 malades; cet objet eſt de la plus grande importance : j'ai cru devoir te le rappeler, pour que cette évacuation bien concertée ſe faſſe bien méthodiquement, ainſi qu'il eſt néceſſaire, pour prouver que l'adminiſtration militaire remplit ſes devoirs avec zèle & méthode.

Signé, l'Ordonnateur, DONI.

Du 25 Nivôſe.

N.° 299.

Aux Médecins & Chirurgiens en chef de l'armée.

Adminiſtration générale & Hôpitaux.

J'AI reçu, citoyens, les deux procès-verbaux contenant des rapports détaillés ſur les hôpitaux, que vous m'avez fait paſſer; j'y ai reconnu la touche de votre ſollicitude habituelle pour le ſervice qui vous eſt confié; je prends toutes vos obſervations dans la plus grande conſidération, & je ferai tous mes efforts pour que nous puiſſions obtenir le réſultat heureux que vous vous propoſez.——A l'égard de votre projet pour que l'hôpital ſédentaire ſoit réduit à 901 lits, je vais mettre tout en œuvre pour qu'il ſoit exécuté littéralement.——Parmi les moyens que vous propoſez pour les hôpitaux en général, l'article premier regarde abſolument la police du camp; quant à l'article 2, je vous répondrai que j'ai requis nombre de fois les autorités municipales & militaires sur l'objet très-important de la propreté des rues, places, carrefours, esplanades, remparts & autres lieux de la ville, que je n'ai jamais obtenu à cet égard la moindre réponse; je sais seulement qu'on a essayé de faire balayer, nétoyer & enlever les immondices, mais qu'on a été bien loin de réussir.——Quant à l'article 3, vous savez parfaitement que nous avons déterminé de nouveaux établissemens d'hôpitaux, pour être à portée de suivre proportionnellement la force de l'armée, pour prévoir son accroissement en malades; nous en avons même porté le nombre jusqu'à 3600 pour Perpignan, mais les ouvriers & les matériaux nous manquent, & nous avons de la peine à placer dans d'autres lieux les charrois que nous faisons sortir du collège de Py.——A l'égard des évacuations que vous proposez d'établir dans les villages voisins, ce ne pourrait être qu'autant que nous y aurions des établissemens. Le local de Pia doit être prêt de jour à autre; je donne de nouveaux ordres au directeur principal à ce sujet.

Au surplus, j'ai écrit au ministre, à ses adjoints, au conseil de santé, au régisseur général; je leur ai détaillé à tous notre position pour la partie des hôpitaux.

J'ai demandé des officiers de santé, en état de vous seconder; j'ai demandé aussi des fournitures, & j'ai la satisfaction de penser qu'on ne pourra pas m'accuser d'inertie ni d'insouciance dans la grande administration confiée à mes soins. Je ne manquerai pas non plus de rendre justice au zèle empressé & aux vues sages & utiles que les officiers de santé en chef de l'armée ont manifesté, & qui auraient produit les meilleurs effets, si mieux secondés par les circonstances, & moins contrariés par les localités, nous eussions pu exécuter les plans que vous nous avez présentés.

Signé, l'Ordonnateur, DONI.

Du 27 Nivôse.

JE te fais passer, mon cher camarade, copie du procès-verbal qui m'a été envoyé par les officiers de santé en chef de l'armée, N.° 310. Au Commissaire des guerres, MUXART.

Hôpitaux.

relativement à l'amélioration de l'hôpital Saint-Martin; je pense que tu en approuveras les dispositions, quoique le nombre des malades ne soit porté qu'à 1800, & que dans d'autres plans on ait demandé des fournitures pour 2400, nombre supposé : il n'y aura jamais d'inconvénient à avoir trop; je t'engage à te concerter avec le directeur-principal, *Pankouke*, pour faire exécuter sérieusement le plan des officiers de santé, pour la tenue de l'hôpital.

Signé, l'Ordonnateur, DONI.

Du 28 *Nivôse.*

N° 325.

Au même.

Hôpitaux.

JE viens de recevoir, mon cher camarade, le détail désastreux que tu viens de m'annoncer relativement à l'hôpital militaire. Tu connais, mon camarade, ma sensibilité & ma manière d'administrer; tu dois & tu peux, d'après cela, apprécier le profond sentiment de douleur qui me saisit. Je viens d'ordonner au directeur-principal, *Pankouke*, de se rendre de suite à Saint-Martin, pour y prendre de promptes mesures à l'effet de régler la partie d'administration qui te regarde; demain matin à sept heures précises, je m'y rendrai avec toi & nous aviserons ensemble à tous les moyens que les circonstances, nos pouvoirs & la responsabilité exigent; il est impossible que je quitte le travail en ce moment; je te recommande d'employer d'ici à demain ta surveillance & ton zèle ordinaires pour ce service intéressant, & pour lequel ton patriotisme me répond d'avance de ta prévoyance active.

Signé, l'Ordonnateur, DONI.

Du 29 *Nivôse.*

N.° 334.

Au même.

Hôpitaux.

TU voudras bien, mon cher camarade, ne pas perdre un instant à donner tous ordres nécessaires, à en suivre l'exécution avec toute la rigueur, la prévoyance & le zèle actif qui conviennent à l'opération intéressante du désencombrement des malades de l'hôpital militaire, de la translation de ceux des salles basses de cet hôpital à celui de Marat; cette opération urgente requise par les officiers de santé, signés ci-à-côté, approuvée par les représentans du peuple, & que j'ai demandé plusieurs fois, ne peut plus souffrir aucun retardement : en conséquence tu l'exécuteras demain, en te concertant avec le commissaire des guerres, *Danglade*, chargé de la police de l'hôpital Marat, & le directeur-principal, *Pankouke*.

Signé, l'Ordonnateur, DONI.

Du 1.er *Pluviôse.*

N.° 339. Au Régisseur général des hôpitaux.

. . . . DANS la position où nous sommes à Perpignan, ton autorisation pour 1500 fournitures, & tes dispositions ne valent pas la réalité dont tu ne peux manquer d'avoir été instruit que nous avions besoin depuis longtemps. J'insiste pour que tu viennes ici pour juger par toi-même de l'état du service; *Pankouke* agit sans contredit; mais il y a de grands détails & tant d'objets à suivre, que votre correspondance ensemble ne produira jamais le même effet que votre rapprochement; il résultera de ton refus à venir, une continuation de désordres & de défaut de moyens nuisibles à la chose publique. Je presse vivement *Pankouke* pour qu'il te détermine à voir de plus près l'ensemble & les détails de la plus importante administration de l'armée, dont Perpignan est le centre.

J'écris au commissaire-général *Farconet* à ce sujet ; & s'il faut un arrêté des représentans du peuple, on l'obtiendra. Le procédé que tu indiques pour faire arriver les voitures de luxe, que tu dis avoir requises, est inexécutable; car prendre les chevaux des voitures roulières qui transportent journellement les approvisionnemens en tout genre dont nous avons besoin, ce serait paraliser l'armée.——— Sur le chapitre des voitures suspendues, l'administration des hôpitaux a toute sorte de reproches à se faire.

Signé, l'Ordonnateur, DONI.

N.° 342.

Au Directeur principal des hôpitaux de l'armée.

Du 2 Pluviôse.

Tu as dû reconnaître, citoyen directeur, dans la visite qui a été faite hier à l'hôpital St. Martin, & dans laquelle l'ordonnateur en chef s'est expliqué sur tous les détails, combien l'état de cet établissement est dépérissant, mal-propre, dénué, & enfin il a été reconnu que jusqu'ici il avait été négligé dans toutes ses parties.——— Qu'on ne dise pas que cet hôpital n'était destiné que pour les deux tiers moins de malades, qu'il est sédentaire & non d'ambulance, qu'on ne pouvait pas prévoir qu'il deviendrait aussi considérable. . . . . Je répondrai que depuis six à huit mois, on est accoutumé à y recevoir 1800 à 2000, & plus de malades, attendu qu'il n'est sédentaire que de nom, & qu'il n'a cessé d'y exister un grand mouvement & très-grand mouvement; car enfin il a été évacué de l'hôpital St. Martin plus de 12000 malades depuis le premier août que je suis de retour à cette armée : certes, de pareilles évacuations laissent à penser que la quantité des malades de cette armée est toujours considérable, l'expérience l'ayant démontré bien suffisamment; il aurait été du devoir des régisseurs, chefs de l'ambulance & directeurs, d'apporter plus de réflexions sur la partie des fournitures; dès long-temps il aurait fallu extraire celles qui sont défectueuses, usées ou imprégnées d'un air pestilentiel & contagieux, auquel la mal-propreté des salles, la mauvaise tenue des malades, la négligence & le mauvais cœur des infirmiers négligens & égoïstes ont donné lieu.

Le commissaire-ordonnateur en chef m'a demandé d'apporter le plus prompt soulagement aux misères, que l'inertie & l'égoïsme des agens secondaires font éprouver aux frères d'armes qui souffrent.——— Il faut dégorger l'hôpital St. Martin, se munir de fournitures nécessaires, & l'essentiel y manque; ordonner de suite les réparations nécessaires à mesure que les évacuations se feront des salles, par lesquelles il faut commencer; prendre les précautions

tions néceſſaires pour expoſer à l'air les fournitures laiſſées par les malades, brûler la paille de toutes les paillaſſes, leſſiver les toiles, laver les couvertures, refaire tous les matelats, en obſervant d'en extraire les parties de laine qui peuvent avoir été pourries ou imprégnées d'air peſtilentiel & les mettre au rebut; les bois de lit & les trétaux devront auſſi être particulièrement viſités & paſſés à l'eau de chaux.——— Les planches des lits ſeront blanchies légèrement à la verlope.

Il doit être fait ſur-le-champ, d'après tes ordres, l'inventaire général de tout le linge qui exiſte à cet hôpital, afin de rejeter ce qui ſerait abſolument hors de ſervir, & déſigner celui jugé bon ou à réparer.——— Tu feras de ſuite tes diſpoſitions pour te procurer, ſans perdre de temps, deux mille draps & deux mille chemiſes de plus, en attendant que nous puiſſions reconnaître juſqu'à quelle quantité nous devons porter nos beſoins.——— Il faut auſſi de la poterie de terre, & ſe procurer de la paille pour regarnir les paillaſſes. Tu ordonneras de ſuite la confection des fourneaux néceſſaires pour les marmites, qui depuis long-temps devraient être diſpoſées pour l'uſage du charbon; ce qui économiſera le bois dont l'uſage pour ce ſervice eſt extrêmement diſpendieux.

Les approviſionnemens tant en paille qu'en bois ou charbon exigeant les plus grandes précautions, tu feras diſpoſer des magaſins ou entrepôts qui puiſſent les mettre en ſûreté. Le nombre des infirmiers étant très-inſuffiiſant, tu t'entendras avec l'agent national de l'adminiſtration du diſtrict, lequel vient de m'écrire qu'il n'attendait qu'à ſavoir le nombre d'infirmiers & de journaliers dont nous avons beſoin pour nous les procurer.——— Il ſera néceſſaire d'établir & créer un infirmier-major par chaque demi-douzaine d'infirmiers; il eſt important que tu commettes pour préſider aux détails de la régénération de l'hôpital St. Martin qu'il faut opérer, un directeur qui veille & ſurveille jour & nuit tous les mouvemens de cette adminiſtration dont les branches ſe ramifient à l'infini, & tu ſais combien ces ramifications ont été négligées; quelque zèle qu'ayent les commiſſaires de la ſociété, des guerres & des différentes commiſſions, il eſt inoui que jamais on n'ait pu parvenir à établir un ordre ſupportable dans cet hôpital.

On ſe plaint depuis long-temps de n'avoir point de bandages ſimples & doubles ; cet objet du plus grand intérêt a été abſolument négligé : je te préviens qu'il en arrivera inceſſamment de Toulouſe, qui te feront adreſſés par un Officier de ſanté de l'hôpital militaire à qui j'ai recommandé d'en faire établir ſept à huit cents.

Les uſtenſiles de cuiſine, les marmittes ſont, tu l'avoueras, dans le plus mauvais état : ſonge à donner le plus grand ſoin à cette partie qui doit faire la baſe & le principe de la ſalubrité des établiſſemens du genre des hôpitaux.——— Je t'ai adreſſé directement les vues de l'ordonnateur en chef & les miennes ſur l'hôpital militaire, pour éviter la lenteur des tranſmiſſions.——— Je te préviens que le commiſſaire des guerres *Muxart*, dont le zèle & l'ardeur ſont infatigables, ſuivra de concert avec toi toutes les opérations relatives à cette régénération que nous nous propoſons, & pour laquelle il ne faut pas perdre de temps.——— Il eſt néceſſaire que tu faſſes connaître au régiſſeur *Sainſere* que ſa préſence eſt indiſpenſable, qu'il ne l'eſt pas moins qu'il te ſeconde de tous ſes moyens ; je n'ai jamais connu pourquoi on ne l'avait pas obligé de venir à Perpignan juger par lui-même de l'inſuffiſance des fournitures, par la quantité de malades qui forcent à de nouveaux établiſſemens ; il faut compter ſur un mouvement de 12000 malades, & réaliſer toutes les fournitures qui leur ſont néceſſaires.

Perpignan doit être approviſionné pour 3,600. Il s'agit de conſtater ſi on a pris des meſures à cet égard, & ne pas perdre un inſtant à ſe procurer, par tous les moyens poſſibles, ce qui peut manquer.——— Ce ſoin te regarde eſſentiellement, citoyen, & je ne ſaurais trop te le recommander ; en conſéquence tu porteras la plus grande attention à faire connaître nos vues, qui tendent au bien de nos frères ſouffrans & réduits à l'état le plus pitoyable.

Il eſt néceſſaire que tu preſcrives pour la tenue du regiſtre journalier, d'après lequel on établit le mouvement, que l'employé qui en eſt chargé obſerve de déſigner avec ſoin les divers corps qui ont des malades, que la peſée de la viande cadre avec le nombre des conſommateurs, & qu'enfin les infirmiers malades qui ſont en grand nombre ne ſoient pas compris dans le mouvement pour double emploi; ce sont des détails que les employés doivent remplir avec la plus grande méthode.

Je te recommande, citoyen, la plus grande diligence dans l'exécution de toutes les mesures que je viens de détailler, & dont tu demeures responsable; tu as déjà beaucoup fait pour la chose publique; eh bien, ce n'est pas encore assez, & sans doute tu redoubleras de zèle & de courage. Accuse-moi la reception de ma lettre.

Signé, l'Ordonnateur, DONI.

Du 2 Pluviôse.

N.° 343.
Au Commissaire des guerres, MUXART.

Hôpitaux.

IL est question, mon cher camarade, de la régénération de l'hôpital St. Martin; telles sont les vues de l'ordonnateur en chef, les miennes; telles sont aussi les tiennes, je le pense, car les choses ne sont pas tenables dans l'état où nous les avons trouvées hier dans la visite méthodique & détaillée que nous avons fait.—— Il faut dégorger en commençant par évacuer à fur & à mesure les salles basses; ordonner, diriger & suivre les opérations relatives aux réparations que *Torreilles* doit faire, augmenter le nombre des infirmiers, en créer un sur sept, avec le titre de major, surveiller le directeur, le faire agir pour toutes les parties négligées jusqu'ici; à mesure des évacuations tant sur Narbonne que sur d'autres hôpitaux de Perpignan, il est nécessaire de faire exposer les fournitures en plein air, brûler la paille de toutes les paillasses, faire lessiver les toiles & enlever dans la laine toutes les parties pourries ou empregnées, qui seront mises au rebut; tu prescriras, mon cher camarade, que tous les bois de lits ou tréteaux soient passés à l'eau de chaux, que les planches des lits soient blanchies légèrement à la verlope.

Il faut dès ce moment faire dresser l'inventaire général des linges existans dans l'hôpital, avec désignation de ce qui est bon à réparer ou hors de service; attendu qu'il est reconnu que cette partie est insuffisante, j'ai ordonné au directeur principal *Pankouke* de se pourvoir de 2000 draps & d'un pareil nombre de chemises; il faut un approvisionnement complet de poterie de terre, de paille pour regarnir les paillasses & de charbon pour les marmittes. Tu ordonneras que sans délai on s'occupe de confectionner les fournaux nécessaires pour éviter la grande consommation de bois; tu ordonneras aussi qu'il soit disposé des magasins ou entrepôts pour y placer la paille, bois & charbon.

Les ustensiles de cuisine ont besoin d'être réparés & étamés; tu prescriras à cet égard tout ce qui convient; & pour le tout, tu presseras, requerras, & sur ta responsabilité, les individus que tu emploîras pour parvenir à la régénération urgente de cet hôpital. Beaucoup de détails ont pu nous échapper, mais ta mémoire prodigieuse, l'habitude que tu as des hôpitaux & le courage qui t'anime dans cette administration, me font présumer que nous réussirons aisément à faire atteindre le but que nous nous proposons.

Signé, l'Ordonnateur, DONI.

Du 2 Pluviôse.

N.° 114. A l'Ordonnateur en chef. Hôpitaux.

J'ai reçu, mon cher collègue, tes vues sages, humaines & bienfaisantes pour le mieux-être de nos frères d'armes souffrans dans les hôpitaux; je vais les adapter à l'hôpital St. Martin. J'ai écrit en conséquence au commissaire *Muxart* & au directeur-principal; nous commençons aujourd'hui à mettre à exécution l'arrêté des représentans du peuple, relatif à une évacuation de malades dans quelques maisons particulières qui m'ont été désignées par le maire; les locaux évacués seront de suite réparés à fur & à mesure; les fournitures seront examinées, exposées à l'air, & on ne fera désormais servir que celles qui seront reconnues en bon état dans toutes les parties.——— Je t'engage, mon cher collègue, à requérir le régisseur *Sainsere* de se transporter ici : il est nécessaire qu'il voie par lui-même l'état des choses, & qu'il soit à portée de nous donner les fournitures qui nous manquent; le nombre de quinze cents ne sera pas trop considérable, & quand pourrons-nous l'avoir ? Je t'invite donc à écrire à ce régisseur ; & à requérir un arrêté des représentans du peuple, s'il se refusait, sous le prétexte qu'il régit deux armées.

Salut & fraternité,

Signé, l'Ordonnateur, DONI.

Du 2 Pluviôse.

N.° 347.

Aux Représentans du peuple.

Administration générale.

Sans réponse.

L'INTÉRÊT tendre & particulier, citoyens représentans, que vous portez aux hôpitaux qui sollicitent toute votre attention, vous a engagé à rendre l'arrêté par lequel vous ordonnez que les malades convalescens seront transférés dans les maisons particulières pour y achever leur guérison ; nous craignons que cette mesure n'ait pas tout le succès désiré ; la rareté des officiers de santé dont la plupart sont malades, l'éloignement des différentes maisons destinées à recevoir nos frères d'armes convalescens, & les courses que des visites isolées obligeront les officiers de santé à faire, pourront nuire au soulagement de nos défenseurs ; quoiqu'il en soit, notre devoir étant d'obéir aux représentans qui sont près de nous, je me suis empressé d'ordonner l'exécution de votre arrêté ; & je vous rendrai compte de ce qu'il aura produit, & je veillerai à ce qui intéressera ce service.

Comme ordonnateur de la dixième division militaire, & principalement chargé de l'administration militaire de la place de Perpignan, à laquelle je suis attaché depuis dix-huit mois, je me suis présenté pour prendre vos ordres & vous donner tous les renseignemens relatifs au service dont je suis chargé ; vos grandes occupations, citoyens représentans, n'ayant pas permis que je puisse vous entretenir des détails qui concernent la place, j'attendrai un moment favorable pour vous faire connaître mon travail, mes vues & l'extrême desir que j'ai de vous convaincre qu'il existe de bons sans-culottes à la tête de l'administration militaire.

Je suis instruit que quelques officiers de santé des hôpitaux préfentent des plans d'organifation, fous prétexte d'abus ou de négligence; je fais auffi que nos hôpitaux ne font pas auffi bien qu'ils devraient être; mais je fais auffi que les repréfentans du peuple que nous avons dans notre fein font juftes, & qu'ils rendront juftice aux patriotes qui la méritent. Vive la Montagne!

Signé, l'Ordonnateur, DONI.

Du 2 Pluviôfe.

N.° 348.

Au Préfident du Tribunal criminel-militaire-révolutionnaire.

Prifons militaires.

J'AI reçu, citoyen préfident, l'avis que tu me donnes des malades détenus au Caftillet, auxquels nous devons fans contredit donner & faire donner les fecours de l'art.

Je n'ai pas un médecin difponible aux hôpitaux; à peine ceux qui font chargés du fervice peuvent-ils y fuffire; mais néanmoins, comme l'état des militaires détenus doit mériter toute notre follicitude, j'ai penfé que le citoyen *Royer*, chirurgien, qui s'eft chargé du fervice du Caftillet depuis cinq mois, ayant mérité la confiance par fon affiduité & fon travail, il convenait de le commettre *ad hoc*; en conféquence, je vais me concerter avec le général commandant la place à cet effet; je défire que tu approuves cette mefure, & je charge le citoyen *Royer* de te remettre ma lettre.

Signé, l'Ordonnateur, DONI.

Même date.

N.° 350.

Au Général de brigade, RESNIER, commandant la place de Perpignan.

Prifons militaires.

LA prifon du Caftillet, général, renfermant beaucoup de militaires malades, & qui ne peuvent être transférés aux hôpitaux, exigeant qu'il foit affecté un chirurgien particulièrement pour ce fervice, j'ai penfé qu'il conviendrait de commiffionner le citoyen *Royer* qui a fait ce travail depuis cinq mois. Je t'avouerai que le préfident du tribunal criminel-militaire-révolutionnaire vient de me demander un médecin des hôpitaux; mais comme je n'en ai pas affez pour le fervice de nos frères d'armes, attendu qu'ils font malades ou furchargés de travail, je penfe qu'il faut un homme de l'art *ad hoc*; en conſéquence, je te prie de me donner des renſeignemens ſuffiſans ſur le citoyen *Royer*, afin que je puiſſe l'envoyer, ſi tu le juges convenable.

Je ne ferai rien à cet égard ſans ton avis motivé; cela n'empêchera point que je n'envoye, pour le bien du ſervice & des malheureux détenus, un médecin qui fera la viſite du Caſtillet. —— Je déſirerais avoir ton heure demain pour que nous faſſions enſemble la viſite des priſons du Caſtillet.

Signé, l'Ordonnateur, DONI.

Du 4 Pluviôſe.

Ordre au citoyen BARIC, Directeur de l'hôpital de l'Ambulance.

LE Commiſſaire ordonnateur des guerres de la 10.e diviſion militaire & de l'armée des Pyrénées orientales,

Vu le ſervice important de l'hôpital ſédentaire qui n'a point de directeur pour être ſurveillé dans ce moment, & attendu la néceſſité de maintenir l'ordre & la police dans toutes les parties de ce ſervice, il eſt preſcrit au citoyen *Baric*, directeur de l'hôpital d'ambulance, de ſe rendre ſans le moindre retard à l'hôpital ſédentaire, rue St-Martin, pour y prendre de ſuite, ſous les ordres du commiſſaire des guerres *Muxart* & du directeur principal *Pankouke*, les fonctions de la direction dudit hôpital, qu'il exercera proviſoirement & juſqu'à nouvel ordre.——Fait à Perpignan.

Signé, DONI.

Du 5 Pluviôſe.

N.° 370.

Au Directeur de l'hôpital de l'Ambulance.

TU perds un temps précieux à faire des réflexions ſur l'exécution de l'ordre preſſant que je t'adreſſai hier; je ne devais pas m'attendre à la compoſition que tu veux faire avec moi, dans un moment où le bien du ſervice parle bien plus impérieuſement que toutes les petites conſidérations qui t'arrêtent: tu es républicain, par conſéquent honnête homme, ainſi ta comptabilité ne doit pas ſuſpendre les meſures promptes dont la moindre violation eſt un attentat.

Qui t'a dénoncé? qui t'a même soupçonné? N'est-ce pas une preuve manifeste qu'on te rend justice, en t'invitant à te charger de rétablir l'ordre d'ans l'hôpital sédentaire qui réclame tes secours ? Quelle est donc cette manière étrange d'accepter un service en proposant des conditions qui semblent tenir de l'égoïsme?

Peu importe que tu serves avec ou sans appointemens ; l'essentiel est que tu sois utile à nos frères d'armes; on sait bien que tu n'es pas l'auteur du désordre & de la désorganisation, comme on sait aussi que j'ai fait tout ce que j'ai pu pour les réprimer : nous devons faire abstraction de nous, citoyen ; & en nous persuadant que les deux extrêmes en ambition ou désintéressement sont suspects, nous ne devons connaître d'autre sentiment que celui de notre amour pour nos frères. Je te préviens de nouveau de te rendre à l'hôpital sédentaire, pour y prendre les rênes de cette administration, jusqu'à ce qu'il en soit autrement ordonné. Je chargerai le commissaire *Angles*, ne pouvant y aller moi-même, d'arrêter tes comptes ainsi que tu le demandes, & d'applanir les difficultés dont tu parles. Je te préviens que je n'accepte point ta démission, qu'elle n'est point acceptable ; & je te conseille de ne pas la mettre en avant vis-à-vis d'autres que moi.

Je te parle en ce moment le langage de la vérité, comme tu dois te rappeler que je l'ai toujours fait à ton égard.

Signé, l'Ordonnateur, DONI.

Du 5 Pluviôse.

N.° 374.

Au Directeur principal des hôpitaux.

TU voudras bien, citoyen, sans perdre le moindre temps, adjoindre au citoyen *Baric*, chargé provisoirement de la direction de l'hôpital sédentaire, deux employés que le commissaire des guerres *Muxart* a jugé être nécessaires pour cette besogne difficile & importante.

Je t'informe aussi que tu dois donner les ordres les plus sévères, pour qu'à compter d'à-présent, il ne soit reçu aucun malade à cet hôpital, & que tous ceux qui s'y présenteront soient amenés à l'hôpital Marat, où d'hors en avant ils habiteront, jusqu'à ce que la

régénération

régénération projetée soit exécutée dans tous ses points, ainsi que je l'ai ordonné d'après de mûres réflexions, l'avis du commissaire en chef & la force des circonstances ; il s'agit de munir l'hôpital Marat de fournitures suffisantes en tout genre, de continuer les évacuations, soit de St.-Martin, soit de Marat, & de tenir la main à l'exécution littérale du projet formé : ceci te regarde ; tu dois, citoyen, y donner tes soins : j'ai dit, j'ai écrit, ordonné, requis & fait tout ce que je devais à ma place, à ma responsabilité & à mes frères d'armes ; il ne me reste qu'à voir exécuter toutes ces mesures, pour lesquelles tu seras parfaitement secondé par les commissaires des guerres *Muxart* & *Danglade*.

Signé, l'Ordonnateur, DONI.

Du 5 Pluviôse.

N.° 375. Aux Administrateurs du district de Perpignan.

Hôpitaux.

L'URGENCE de pourvoir sans délai aux besoins des hôpitaux en ferblanterie, ferrures, ustensiles étamés de toutes espèces, pour l'usage journalier de nos frères d'armes, & la possibilité de trouver une grande ressource en ce genre dans la démolition des orgues des églises de Perpignan & communes voisines, lesquelles pourraient procurer des matières propres à confectionner des écuelles, pots à boire & à tisannes, seringues & autres ustensiles indispensables. Vu l'impossibilité de fournir les hôpitaux de ces objets, requérons l'administration du district de Perpignan, de mettre sans délai à la disposition des hôpitaux, les jeux d'orgues des églises de la ville & ceux qui pourraient se trouver dans les communes voisines.

Signé, l'Ordonnateur, DONI.

Même date.

N.° 376. Au Commissaire

JE te donne avis, mon cher camarade, que je viens d'écrire au citoyen *Pankouke*, directeur principal des hôpitaux, qu'à compter de ce moment il ne devait plus être reçu aucun malade à l'hôpital sédentaire, mais

MUXART.

Hôpitaux.

au contraire que les évacuations ne devaient souffrir aucun retardement, & que tous les malades qui se présenteraient seraient envoyés à l'hôpital Marat : telle est, mon cher camarade, la détermination prise; & je t'engage à y tenir sévèrement la main. ——— J'ai ordonné au directeur *Pankouke*, d'adjoindre au directeur *Baric* deux employés en état de seconder ses travaux. ——— Ainsi donc, mon cher camarade, tâchons de parvenir à nos fins en purgeant cet hôpital, pour le rendre susceptible de l'objet auquel il est destiné.

Je t'observe que pour éviter la lenteur de l'exécution, tu traiteras directement avec le directeur principal des hôpitaux, sur tous les objets de service pressé.

Je te rappelle que je t'ai délégué tous mes pouvoirs; par ce moyen tu es habile & propre à toutes les opérations d'administration militaire dont tu te trouves chargé.

Signé, l'Ordonnateur, DONI.

Du 5 Pluviôse.

N.° 377.

Au Commissaire DANGLADE.

Hôpitaux.

J'ai reçu, citoyen camarade, ta lettre du 5 pluviôse, relativement à la situation de l'hôpital Marat & aux fournitures dont il a besoin : si les temples de l'imposture & du mensonge ont pu fournir des magasins d'hôpitaux & des vivres, à plus forte raison les instrumens qui servaient dans le temps de l'aveuglément aux contredances ecclésiastiques que la raison a proscrites, seront employés à l'utilité & au soulagement de nos frères. Je te préviens qu'en conséquence de ton idée, je vais adresser au district une réquisition, afin que le plutôt possible il nous mette à portée de remplir tes vues; ce qui, j'ose le croire, ne sera pas long par le désir que je reconnais dans cette administration de concourir avec nous au bien-être de nos frères d'armes. Tu prendras au magasin général le charbon de terre dont tu auras besoin, jusqu'à ce que nous ayons trouvé le moyen de nous en procurer.

Je te recommande d'apporter dans l'administration de ces établissemens, la surveillance la plus suivie & la sévérité qui convient pour réprimer les abus. Je te préviens que je viens de prescrire au directeur *Pankouke* de ne plus recevoir de malades à l'hopital St. Martin, & que tous ceux qui se présenteraient seraient envoyés à l'évêché; en conséquence tu ordonneras toutes les dispositions convenables à cet effet; tu feras aussi déterminer par les officiers de santé les évacuations qui seront jugées nécessaires par eux. —— *Pankouke* a ordre d'envoyer à l'hôpital Marat toutes les fournitures nécessaires. Tu surveilleras l'exécution de ces dispositions, & tu voudras bien me rendre compte de tout ce qui pourra intéresser l'existence & le bien-être de nos frères d'armes, qui à bien juste titre méritent toute notre sollicitude.

Signé, l'Ordonnateur, DONI.

Du 6 Pluviôse.

N.° 387.

Au Comité de santé.

Hôpitaux.

LA régénération de l'hôpital militaire-sédentaire ayant exigé, frères & amis, qu'il ne soit plus reçu de malades à cet hôpital; pour pouvoir parvenir, en le réduisant à 1200 malades, à l'état de propreté qui lui convient, en supprimant toutes les mauvaises fournitures, en faisant brûler toutes celles imprégnées d'air pestilentiel, enfin en faisant enduire de chaux toutes les murailles des salles infectées, je vous prie de vouloir bien donner aux malades qui vous viendront, la destination de l'hôpital Marat, où ils seront reçus; & à défaut que cet hôpital joint au Syndicat soit suffisamment grand, veuillez bien indiquer au commissaire des guerres & au directeur principal, un local susceptible de remplir nos vues, jusqu'à ce que nous soyons parvenus à réorganiser l'hôpital sédentaire.

Je vous préviens aussi que le citoyen *Baric* est chargé de la direction de cet hôpital, pour lequel il a quitté l'ambulance. Je vous prie de nous seconder de toutes vos lumières pour l'accélération de l'exécution des vues de l'ordonnateur en chef & des miennes. Nous voulons définitivement mettre un terme au désordre, & améliorer à jamais le sort de nos frères d'armes malades, pour lesquels le comité de santé veille sans cesse, & a donné mille preuves de son attachement pour les fonctions importantes dont il est chargé.

Signé, l'Ordonnateur, DONI.

Du 6 Pluviôse.

N.° 390.
Au Commissaire des guerres, DANGLADE.

Hôpitaux.

JE te prie de prendre des mesures indépendantes du service de l'hôpital sédentaire, pour les évacuations à faire à l'hôpital Marat; tu dois faire désigner par les officiers de santé les malades qui doivent être évacués, & t'adresser pour les voitures dont tu auras besoin, au camarade *Grand-maison*. Au surplus, tu t'entendras avec le citoyen *Pankouke*, pour que le service de cet hôpital se fasse avec le plus d'activité & le meilleur ordre possible; nous n'avons pas, à la vérité, tous les moyens nécessaires, mais du moins sachons faire usage du peu qui nous reste.

Signé, l'Ordonnateur, DONI.

Du 7 Pluviôse.

N.° 393.
Au Président du Tribunal révolutionnaire.

Prisons militaires.

JE m'empresse de t'informer, président, que j'ai autorisé *Royer*, chirurgien-major du 61.e régiment, à prendre soin de la santé des militaires détenus au castillet & qu'il est impossible de transférer aux hopitaux; j'ai fait apporter à la prison du Castillet douze lits, qui doivent être placés dans une salle destinée à servir pour recevoir & traiter les malades, auxquels tu penses bien, président, que je suis porté d'inclination à faire donner tous les secours qui dépendent de moi.

Le géolier du Castillet étant renfermé, je suis embarrassé de savoir à qui il serait possible de confier les détails relatifs aux soins qu'il faut prendre des malades; c'est un choix délicat, & qui d'ailleurs ne m'appartient point; car il y a une grande responsabilité attachée à la place de celui qui est chargé des détails d'administration & de police d'une prison militaire, & je ne connais personne à qui je puisse faire donner cet emploi. Je te prie, président, de faire dire au commandant de la place, qu'il ordonne les mesures militaires nécessaires pour le Castillet, qu'il y attache nommément au géolier ou concierge, & alors je prendrai, quant à la partie d'administration, tous les moyens qui dépendront de mon zèle & de ma sollicitude.——Je me suis adressé à toi sur cet objet, parce que tu as été le premier à m'en écrire, & que le tribunal-révolutionnaire ne doit rien ignorer de ce qui intéresse l'ordre.

Signé, l'Ordonnateur, DONI.

Dudit jour.

N.° 394.

Au Général en chef DUGOMMIER.

Hôpitaux.

JE te prie, général, de vouloir bien donner les ordres les plus sévères pour que le commissaire des guerres *Muxart*, chargé de la police de l'hôpital sédentaire, rue St. Martin, obtienne l'exécution des réquisitions qu'il adresse pour avoir des hommes de corvée nécessaires aux travaux de cet hôpital.

Le commandant de la place se prête avec beaucoup de zèle a ordonner, mais les corps obéissent quand ils veulent; & le commissaire ne peut diriger un service important confié à sa responsabilité, s'il n'obtient pas ce qu'il demande. Depuis long-temps les hôpitaux sont engorgés, mal tenus & mal servis, & depuis long-temps l'expérience du pays, que j'ai depuis dix-huit mois, m'a fait dire, que tant que le service militaire & celui des infirmiers se feraient mal aux hôpitaux de Perpignan, jamais ces établissemens ne se soutiendraient supportablement, malgré tous les commissaires de l'armée; & assurément on peut savoir qu'ils n'ont jamais manqué de zèle.—— On s'occupe dans ce moment à régénérer & réorganiser l'hôpital sédentaire; & pour y parvenir, je te prie, général, d'ordonner :

1.° Qu'il soit envoyé journellement dix plantons choisis;

2.° Une garde de trente hommes;

3.° Un officier supérieur pour surveiller le service militaire;

4.° Cent hommes de corvée par jour & jusqu'à nouvel ordre, pour les travaux nécessaires aux déblayemens & désencombremens. Je sais que les hôpitaux t'intéressent particulièrement; je sais aussi que tu les as trouvé en mauvais état, & que sans connaître la source du mal, tu as pu présumer & dire que les commissaires des guerres ne surveillaient point.

Si tu veux nous aider des moyens militaires, tu peux être sûr, général, que le service des hôpitaux sera parfaitement réorganisé.

Signé, l'Ordonnateur, DONI.

Du 7 Pluviôse.

N.° 395.

Au Commissaire DANGLADE.

Hôpitaux.

C'EST au directeur principal *Pankouke*, mon cher camarade, que vous devez vous adresser au sujet des évacuations des hôpitaux dont vous avez la police ; il serait impossible que je pusse m'occuper de tous ces détails avec tous ceux dont je suis déjà chargé : c'est pourquoi vous me ferez le plus grand plaisir de vous entendre avec *Pankouke* sur tous ces objets ; les expéditions seront plus promptes & la machine marchera mieux ; je vous prierai seulement de m'informer des grandes mesures pour lesquelles vous croirez avoir besoin de moi : au surplus, vous avez absolument les mêmes pouvoirs que j'aurais, puisqu'ils vous sont délégués ; ainsi agissez en conséquence.

Signé, l'Ordonnateur, DONI.

Du 9 Pluviôse.

N.° 414.

Aux Représentans du peuple.

Hôpitaux.

Je vous prie, citoyens représentans, de vouloir bien porter un moment d'attention sur un objet essentiel. Il s'agit du pain & du vin qui se distribuent journellement aux malades, & sur lesquels il y a des contestations.——— Je préfère à tous les procès-verbaux possibles, vous soumettre la dégustation du vin & l'examen du pain cacheté que je fais porter chez vous, pour que vous soyez à portée, citoyens représentans, de décider de la bonne ou mauvaise qualité des denrées; sur cet objet, les officiers de santé ne sont pas toujours d'accord, & je n'ai malheureusement que trop d'exemples du peu d'intelligence qui existe entre les officiers de santé & l'administration des hôpitaux.——— Vouloir débrouiller ce cahos d'où naît la mésintelligence & le désordre, ce serait chercher la pierre philosophale; car depuis dix-huit mois que je passe ma vie avec des malades, des officiers de santé, des directeurs ou autres employés, j'ai toujours éprouvé le regret de ne voir aucun de ces individus marcher de concert & s'entendre sur toutes les opérations qui devraient les rendre d'accord entr'eux pour le bien de la chose publique, auquel doivent tendre tous les efforts.——— Je vous prie donc, citoyens repréfentans, de vouloir bien juger par vous-mêmes des alimens & boiffons que nos frères reçoivent dans les hôpitaux. Je ferai fort aife de favoir quelle eft votre opinion à cet égard, & par-là d'être plus à portée d'indiquer ce qui convient pour que chacun foit d'accord.

Je joints ici copie du procès-verbal de la féance qui s'eft tenue hier chez moi, relativement à des établiffemens d'hôpitaux; & je puis vous affurer que je prefferai vigoureufement l'expédition de fon réfultat, comme auffi je défire vous convaincre que dans le pofte qui m'eft confié, je veille fans ceffe au bien de l'adminiftration militaire dont je fuis chargé.

Signé, l'Ordonnateur, DONI.

Du 11 *Pluviôfe.*

N.° 420.

Au Comité de fanté.

Hôpitaux.

VOUS trouverez ci-joints, frères & amis, les procès-verbaux des 8 & 10 du courant, relatifs aux hôpitaux; il eft à défirer pour le bien du fervice & l'intérêt preffant de nos frères d'armes malades, que les mefures projetées foient définitivement exécutées.—— Nous avons traité à fonds ce grand objet dans tous les détails; il ne s'agit plus que de nous donner la main pour marcher tous d'un commun accord, & parvenir au but effentiel en préfervant la fanté de nos défenfeurs. Je vous informe qu'en attendant la pleine exécution des mefures déterminées hier au foir, le maire, l'officier municipal *Groffet* & moi, nous venons de faire les difpofitions néceffaires pour que le local des enfans-trouvés puiffe recevoir aujourd'hui même 220 malades, ce qui doit s'effectuer au moyen de ce que les enfans feront répartis chez les particuliers, ainfi qu'il a été propofé.——— Je vous prie, frères & amis, d'envoyer à *Pons* l'arrêté des repréfentans du peuple, dont il a befoin pour donner communication aux adminiftrateurs de la maifon des enfans-trouvés, afin qu'ils les évacuent.——— Je vous prie auffi, & cet objet n'eft pas moins preffant, d'engager *Rouffillon* à prendre en main la correfpondance du premier médecin de l'armée; la commiffion qu'il exerce à Perpignan l'appelant naturellement à ces fonctions provifoires, il eft véritablement utile qu'il se rende à notre invitation; je la lui fais pour ma part du meilleur de mon cœur. J'ai prévenu l'ordonnateur en chef à ce sujet; il n'éprouvera pas moins de satisfaction que moi que cette détermination ait lieu; je tâcherai de me rendre au comité autant & aussi souvent qu'il me sera possible.

Salut, fraternité & amitié,

Signé, l'Ordonnateur, DONI.

Du 11 *Pluviôse.*

N°. 424.

Au Commissaire GRAND-MAISON.

Hôpitaux.

L'ÉVACUATION de l'hôpital Marat, mon camarade, a manqué aujourd'hui; tout est aux champs, & c'est un désastre pour cet hôpital très-encombré, & qui véritablement avait le plus grand besoin de ce secours. Je ne puis qu'ajouter à ce que je t'ai dit souvent, qu'il est important qu'ayant la police des charrois, tu ménages journellement pour les hôpitaux la plus grande quantité de voitures possible. Par une délibération prise hier, il a été arrêté que les charrois fourniraient journalièrement quarante voitures pour servir aux évacuations indispensables; fais en sorte, mon cher camarade, de nous aider dans les circonstances où nous sommes; c'est avec le commissaire des guerres *Danglade* que tu auras à faire pour l'hôpital Marat, où se trouvent dans ce moment tous les hommes évacuables; & je te recommande de te concerter avec lui sur tous les détails de ton service, en ce qui concerne les évacuations, pour ce qui regarde les charrois.

Signé, l'Ordonnateur, DONI.

Du même jour.

N.° 425.

Au Commissaire du Pouvoir exécutif, HARDY.

JE te fais passer, mon cher camarade, le procès-verbal de notre séance d'hier; je t'informe avec infiniment de plaisir que dans l'assemblée de la nuit au comité de santé, il a obtenu l'assentiment général; nous nous occupons de l'établissement de l'hôpital qu'on forme aux enfans-trouvés, lequel pourra contenir 220 malades : on va poursuivre les travaux de St. Dominique & l'évacuation du local de St. Jean, où où font les approvisionnemens a été suspendue, parce que l'on espère se passer de cette mesure.

Signé, l'Ordonnateur, DONI.

Du 11 *Pluviôse.*

N.° 426. Au Commissaire MUXART.

Hôpitaux.

J'INSISTE fortement, mon cher camarade, pour que tu tiennes la main au projet de régénération de l'hôpital St. Martin; dans le cas où la nécessité te forcerait de céder, je m'en rapporte à ce que ta prudence & ton zèle te suggéreront.

Signé, l'Ordonnateur, DONI.

Du même jour.

N.° 427. A l'Ordonnateur en chef.

L'ÉVACUATION de l'évêché a totalement manqué. Je ne sais quel démon conspire contre les hôpitaux; il est cependant sûr qu'un grand nombre de voitures sont parties à vide. D'où vient donc cette difficulté sans cesse renaissante d'avoir des voitures ?

Je te donne avis de ce surcroît de peine, non pour me dégager d'aucune sollicitude, mais pour que tu ne sois pas étonné de l'encombrement.

Salut & fraternité,

Signé, l'Ordonnateur, DONI.

Du même jour.

N.° 428. Aux Représentans du peuple.

Sans réponse.

JE vous adresse, citoyens représentans, l'extrait du procès-verbal dressé hier chez l'agent du pouvoir exécutif *Hardi*, relativement aux hôpitaux. En suite de cette séance, nous nous sommes réunis au comité de santé, à l'effet de déterminer, d'une manière fixe & précise, ce que les localités & les circonstances pourraient nous permettre pour venir au secours de nos frères d'armes malades; nous ne manquerons pas dès-aujourd'hui d'établir 200 malades au collége des Jésuites, d'où nous ferons fortir les orphelins & enfans-trouvés qui feront placés chez les citoyens de la ville, mefure arrêtée hier, & dont l'exécution prompte prouve fuffifamment le défir d'être utile à l'humanité.

Il nous refte un objet effentiel à vous prier de prendre dans la plus haute confidération, c'eft que fi les charrois ne fourniffent pas journellement quarante voitures pour les évacuations qui font indifpenfables, il eft impoffible que nous ne foyons pas continuellement engorgés & encombrés.——— Sur des objets d'une auffi grande conféquence pour le falut de l'armée, je prie les repréfentans du peuple de rendre juftice à notre zèle, & de confidérer auffi que nous faifons le mieux poffible avec peu de moyens, & fouvent des conflits de volontés & de pouvoirs qui retardent les opérations.

Signé, l'Ordonnateur, DONI.

Du 12 Pluviófe.

N.° 431.

Au Général en chef DUGOMMIER.

Hôpitaux.

JE te prie, général, de donner des ordres prompts pour que les hôpitaux de l'armée puiffent avoir des infirmiers; les requérir dans les corps n'eft pas une mefure fuffifante, il faudrait que tu vouluffes bien ordonner qu'on les choisît parmi les hommes jugés hors d'état de fervir en portant les armes, & décidés à s'utilifer pour le bien de leurs frères, en fe vouant au fervice des hôpitaux, emploi honorable où les défenfeurs de la patrie trop faibles pour la bien foutenir, s'acquerront une gloire non moins digne de notre reconnaiffance. Tout ce qu'on t'a dit, général, fur les hôpitaux, ce que je t'ai moi-même écrit, a dû t'affurer que le grand vice de la mauvaife tenue provenait des infirmiers.

Il s'agit donc de les réorganifer & de les renouveler; 300 hommes pour le moment nous feraient de la plus grande utilité, & je te follicite de nous les accorder; fans quoi je dois te dire que nos foins, nos veilles & nos vues pour le mieux-être de nos frères, n'auront jamais l'effet falutaire auquel nous défirons parvenir.

Signé, l'Ordonnateur, DONI.

Du 13 Pluviôse.

Je te remercie, mon cher camarade, de la communication du procès-verbal de l'évènement survenu à l'hôpital Marat; tu as très-bien fait d'en donner connaissance au tribunal militaire.——— Je t'engage à la surveillance la plus active, & te recommande les évacuations que tu vas avoir à faire journellement, & qui exigeront toute ta sollicitude.

Signé, l'Ordonnateur, DONI.

N.° 440. Au Commissaire DANGLADE. Hôpitaux.

Dudit jour.

Je te prie, mon cher & brave concitoyen, de nous envoyer à l'hôpital des ci-devant Jésuites, des femmes pour servir d'infirmières; je n'ai pu m'empêcher de permettre à celles que tu y avais envoyé hier, de sortir pour manger & prendre du repos.——— En attendant que la réquisition que j'ai adressée au général en chef pour avoir 300 hommes à cet usage ait son effet, ce qui ne tardera pas, je te prie de cultiver cette mesure des femmes qui nous est vraiment utile.

Salut & fraternité,

Signé, l'Ordonnateur, DONI.

N.° 441. Au Maire de Perpignan. Hôpitaux.

Dudit jour.

Le directeur-principal *Pankouke* écrivit il y a quelque temps à la société pour lui demander de vouloir bien lui désigner un sujet en état de remplir une direction à Perpignan; il n'a point eu de réponse; ses embarras sont toujours les mêmes : obligé de former de nouveaux établissemens, il demande des employés de tous genres pour les placer dans son administration, & il est à désirer que la société prenne sa demande en considération;

Comme aussi qu'elle fasse un choix de bons citoyens qui veuillent se consacrer au service d'infirmiers.

Il est de mon devoir de vous dire, frères & amis, que nous en

N.° 442. A la Société populaire de Perpignan. *Sans réponse.*

manquons abſolument, & je vous engage, au nom de nos frères d'armes qui à juſte titre méritent toute notre ſollicitude, de faire des efforts dignes d'une ſociété bienfaiſante, pour venir à notre aide dans cette circonſtance.

Signé, l'ordonnateur, DONI.

Du 13 *Pluviôſe.*

N.° 452.

Au Commiſſaire DANGLADE.

IL eſt inimaginable qu'ayant eu aujourd'hui quarante voitures à ta diſpoſition, tu n'aies évacué que ſoixante-dix malades. Je ne connais rien qui puiſſe juſtifier un pareil abus de moyens, qui cauſe le déſaſtre de l'armée en paralyſant le roulage, puiſque les voitures que tu retiens mal-à-propos, perdent leur temps & manquent à Narbonne, où elles ſont attendues pour rapporter des fourrages. Je t'ai écrit pluſieurs fois que tu avais quarante voitures à ta diſpoſition tous les jours. Pourquoi n'en pas profiter ? Pourquoi n'avoir pas fait déſigner un nombre de malades proportionné, à raiſon de 6 hommes par voiture; tu devais & ta reſponſabilité t'obligeait de ſurveiller les évécuations; & l'encombrement dans lequel nous ſommes, te force aux moyens les plus actifs vis-à-vis de tous les agens & prépoſés au ſervice des hôpitaux qui négligeraient de t'aider. Je te prie de réparer demain la faute eſſentielle que tu as commiſe, en ne tenant pas la main : 1.° à faire partir l'évacuation de bonne-heure; 2.° à ne pas exiger qu'il y ait ſix malades ſur chaque voiture; 3.° & enfin, à nous faire perdre le fruit que nous aurions retiré des évacuations qui pouvaient être complètes, & par-là nous auraient miſes à porté de pouvoir offrir un aſile commode à nos frères, que ta moleſſe & ton inaction nous forceront de rejeter faute d'emplacement. Je ne doute pas que tu ne te rendes, lorſque tu verras que par ta faute nos malheureux frères auront paſſé la nuit ſur le carreau, & que ceux qui pourront arriver n'auront point de place. Pourquoi ne m'as tu pas écrit que tu n'avais ou ne voulais évacuer que ſoixante-dix malades ? J'aurais pris des meſures pour utiliſer les voitures que ta lenteur a empêché d'employer.

Signé, l'Ordonnateur, DONI.

Du 15 *Pluviôse.*

N.° 463.

Au Commissaire des guerres, MUXART.

Hôpitaux.

Si je n'ai pas répondu de suite, mon camarade, à ta longue lettre d'hier au soir, c'est que je croyais que le contenu d'une réponse que je te fis avant-hier, relativement au même objet, était assez précis sans que j'eusse besoin de te répèter la même chose.——Je t'ai observé que l'hôpital Marat est dans le plus grand engorgement, & qu'il reçoit tous les jours un nombre infini de malades, notamment 171 hier au soir : il est plus naturel qu'on fasse des évacuations à cet hôpital, dont l'encombrement incroyable les commande impérieusement, qu'à celui de S.-Martin qui ne reçoit point de malades.— Au surplus, tu dois te concerter, amicalement & sans contestation, avec le citoyen *Roussillon*, qui n'a eu en vue ainsi que toi que le bien du service. Comme chargé de la police de l'hôpital, tu dois t'entendre avec le camarade *Danglade*, pour le nombre de voitures qui sont journalièrement nécessaires à chaque hôpital respectif; & si celui-ci les emploie toutes pour les évacuations de l'hôpital Marat, tu dois nécessairement attendre qu'il l'ait sorti de l'état affreux & pitoyable où il se trouve.

Je t'observe que ces dispositions ne devraient pas, pour ainsi dire, m'être communiquées, étant sur-tout si fréquentes, attendu que la détermination déjà prise est incontestable, jusqu'à ce que l'hôpital Marat soit dégorgé.——Ton zèle m'est assez connu pour que je n'aie pas d'inquiétude sur ce que tu pourras faire, eu égard à l'hypotèse où nous sommes.——Allons tous de concert, & tenons-nous la main pour faciliter premièrement le service qui ne peut souffrir de retard.

Lorsque j'avais la police des hopitaux, je ne m'adressais à *Boilleau* que pour des affaires graves, & je faisais le tout pour le mieux. Les circonstances impérieuses commandent; il faut s'y soumettre, manquant de moyens pour s'y soustraire.

Je te prie de communiquer ma lettre au directeur *Salmon*.

Signé, l'Ordonnateur, DONI.

Du 15 Pluviôse.

N.° 465.
Au général LAMER.

J'ATTENDS, général, les 300 infirmiers dont j'ai besoin pour le service des hôpitaux, & que tu m'as fait espérer des bataillons, en les prenant parmi les hommes peu propres aux armes. Tu me feras plaisir de m'instruire où nous en sommes à cet égard. Le temps presse.

Signé, l'Ordonnateur, DONI.

Du même jour.

N.° 469.
Au Commissaire DANGLADE.

JE te recommande, mon cher camarade, de presser les évacuations dont la lenteur interrompt tous les services, gêne la circulation, & nuit incroyablement au service des fourrages, qu'il nous est essentiel de faciliter par tous les moyens qui sont en nous. —— Les officiers de santé doivent désigner la veille le nombre de malades nécessaires à évacuer; & on doit, s'il le faut, passer la nuit à faire les feuilles, pour être à même le lendemain de faire partir à dix heures précises du matin. —— Je t'observe aussi que les commis aux évacuations doivent toujours les précéder, & que tu n'aurais jamais dû souffrir que celle d'hier partît, pour le bien & le soulagement de nos frères d'armes.

Signé, l'Ordonnateur, DONI.

Du même jour.

N.° 470.
Au même.

JE te préviens, mon cher camarade, que le comité de santé ne vérifiant plus l'état des frères d'armes porteurs de billets d'hôpitaux, il est arrêté par les officiers de santé en chef, & j'ai dû l'approuver, qu'un officier de santé examinera dans chaque hôpital les malades qui se présenteront, & les admettra selon la nécessité. Tu donneras les ordres relatifs à cette nouvelle disposition.

Signé, l'Ordonnateur, DONI.

Du 15 Pluviôse.

DIFFÉRENS plans du conseil de santé approuvés par le ministre, mon cher camarade, ont prescrit des établissemens particuliers pour les malades vénériens ainsi que pour les galeux : celui relatif à ces derniers, a eu, comme tu le sais, son exécution ; le premier pour lequel on avait indiqué un local & que tout sollicitait d'établir, n'a pu l'être encore, puisque à-peine avons-nous pu suffire à réunir des locaux pour les fiévreux & autres. Il faut donc s'en tenir à envoyer à Montpellier les grands vénériens, & renvoyer les autres à leurs corps, autant que faire se pourra. N.° 471. Au Commissaire MUXART.

Signé, l'Ordonnateur, DONI.

Du même jour.

TU peux, mon cher camarade, compter sur 18 à 20 voitures demain, & en conséquence demander la désignation de 120 malades de ton hôpital. Malgré la brièveté du temps, profitons de cette facilité sur laquelle j'apprends à l'instant seulement que nous pouvons compter, par la raison que ton camarade *Danglade* m'a dit, que le travail pénible des employés de l'hôpital Marat, empêchait qu'il pût évacuer demain davantage que 150 malades ; & il a en conséquence les voitures nécessaires de son côté. — Par ainsi nous ferons des deux côtés ; c'est ce que je te recommande. — Préviens ton monde ce soir. N°. 472. Au même.

Signé, l'Ordonnateur, DONI.

Du 19 Pluviôse.

JE pense bien comme toi, citoyen, qu'il convient d'utiliser le local de S.-Dominique pour y recevoir nos frères ; mais je ne suis pas de ton avis, lorsque tu voudrais qu'on se bornât aux réparations d'urgence ; ce serait faire de ce local comme de tant d'autres : il ne faut pas la perfection, tant s'en faut, il est nécessaire d'atteindre à la clôture, fermeture, à l'ouverture des jours nécessaires, & réparer les objets dégradés qui pourraient souffrir dans l'état où ils se trouvent. N.° 484. Au Directeur principal des hôpitaux de l'armée.

Torreilles a mis des ouvriers qui travaillent à l'hôpital Jacobin ; j'ignore si c'est sur ton plan ou sur celui de *Genton* : quant à moi je n'ai rien approuvé, car je n'ai rien vu jusqu'ici dans cette opération, que désordre & mésintelligence ; je tiens cependant pour que l'on puisse faire de S.-Dominique un hôpital régulier, & susceptible de la grande ressource à laquelle il paraît propre.

A l'égard de l'hôpital de la Montagne, je suis si occupé qu'il ne m'a pas été possible de juger par moi-même de l'état où il est. Quant à sa régénération, il n'a effectivement que mille malades ; mais je doute que l'on ait pu parvenir à le mettre en état de reprendre l'habitude de recevoir de nouveau des malades.——Le commissaire *Muxart* est malade, & je suis privé des rapports exacts de l'état de cet hôpital ; il faudra que je m'y transporte moi-même pour être plus à portée de juger ; alors nous déterminerons le parti qu'il conviendra de prendre.

Signé, l'Ordonnateur, DONI.

Du 19 Pluviôse.

N.° 487.

Aux Représentans du peuple.

Prisons militaires.

APPELÉ par mes devoirs d'ordonnateur à la visite des prisons militaires de la place de Perpignan, je ne puis vous cacher, citoyens représentans, que je vois avec infiniment de chagrin une foule de prisonniers remplir le Castillet ; la plupart y existent depuis six à huit mois, & beaucoup plus de temps, sans avoir été entendus ; leur état fait pitié ; l'air mal-sain qu'ils respirent dans les locaux qu'ils habitent, & où ils sont les uns sur les autres, se communique aux prisonniers nouveaux venus ; & il est à désirer qu'il soit possible de désemplir cette prison qui, par son institution, ne devrait servir qu'à recevoir les grands prévenus.

Je soupçonne que beaucoup des malheureux dont je parle sont oubliés depuis long-temps ; & qu'à la honte de l'humanité, il n'existe aucune trace des motifs de leur arrestation.

Enfin, je vous prie, citoyens représentans, de vous arrêter un moment sur l'état des détenus dont je viens de vous mettre la position sous les yeux.

Pour

Pour la justice, pour l'humanité & la salubrité des prisonniers, il serait à propos que vous invitassiez les juges qui connaissent des délits de ces prévenus, de les entendre pour être à portée de leur faire évacuer la prison : on prépare en ce moment un local destiné à suppléer au Castillet, comme maison de correction, de manière que la prison-militaire du Castillet sera absolument réservée pour les grands prévenus; cette mesure produira le meilleur effet.

L'impossibilité de transférer aux hôpitaux les prisonniers du Castillet, ayant engagé le tribunal-criminel-militaire à me requérir pour établir à cette prison un petit hôpital, je me suis empressé de remplir cette disposition; & autant que la localité a pu me le permettre, j'ai fait un établissement pour. 12 à 15 malades, pour lesquels j'ai attaché un chirurgien qui m'a été adressé par le commandant de la place.

Signé, l'Ordonnateur, DONI.

Du 19 Pluviôse.

N.° 488. Au Commissaire des guerres, DANGLADE. — Hôpitaux.

J'AI reçu, mon cher camarade, le procès-verbal de refus d'évacuation dressé par les officiers de santé, sur ta réquisition, vu le mauvais temps; je ne puis qu'approuver cette mesure de prudence qu'il était indispensable de prendre; je viens en conséquence de donner ordre au directeur de l'hôpital de recevoir jusqu'à la concurrence de soixante-dix malades qu'il est en mesure de loger; je t'en préviens & te prie de prendre les plus grandes précautions d'évacuation pour demain, si toutefois le temps peut le permettre.

Signé, l'Ordonnateur, DONI.

Du même jour.

N.° 489. Au Jacobin ROUSSILLON, premier médecin de l'armée.

J'AI reçu ce matin le rapport du caporal *Vessière*, le renvoi des représentans & celui que tu m'as fait; de suite j'ai informé *Pankouke* de cette affaire, dans laquelle je n'ai malheureusement, & comme toi, que des moyens de demander, conjurer & d'ordonner pour le mieux-être de nos frères; il nous manque mille objets plus effentiels les uns que les autres; je n'ai ceffé de les demander : ma follicitude à remplir les obligations impofées par ma place, eft bien connue de ceux qui me rendent juftice. Que veux-tu que je te dife ? *Muxart* eft malade, mais le directeur *Salmon* recevra les foixante & dix malades dont tu parles dans ton billet que m'a remis un commiffaire de la fociété; nous ferons tous nos efforts pour parer au défaut de l'évacuation.

Il eft impoffible que je faffe le grand détail de l'adminiftration & que je juge par moi-même de l'état des hôpitaux; mais malgré tout, les commiffaires de la fociété, les officiers de fanté en chef & les directeurs des hôpitaux qui ont du zèle & de la bonne volonté, font bien fuffifans pour toutes les mefures à prendre dans les circonftances où nous fommes.

Signé, l'Ordonnateur, DONI.

Du 19 Pluviôfe.

N.° 490.

Aux Repréfentans du peuple.

Hôpitaux.

Sans réponfe.

L'ordonnateur en chef eft malade; les commiffaires chargés de la police des hôpitaux & le directeur-principal font hors d'état de travailler; le mauvais temps empêche les évacuations; les malades arrivent en foule; & il ne faut rien moins, citoyens repréfentans, qu'un courage & une préfence d'efprit à toute épreuve, pour fupporter tous ces contre-temps qui nous affligent, fans pourtant nous décourager; car c'eft dans ces extrémités que les véritables révolutionnaires fe font reconnaître. Je vous informe de l'état des chofes & je ferai tout pour vous certiorer encore davantage dans l'opinion qu'on a pu vous donner de mon patriotifme & de mon énergie.

J'ai tenu pendant trois femaines dans Perpignan cerné; que ne puis-je efpérer de faire fous les aufpices des braves *Milhaud* & *Soubrany*, qui fe font montrés francs, juftes & amis de l'humanité.

Je vous prie, citoyens repréfentans, de vouloir bien m'adreffer directement tout ce qui a rapport au fervice des hôpitaux, afin que travaillant jour & nuit pour le mieux-être de nos frères, je fois à portée de remplir avec plus de précifion les difpofitions preffantes que vous aurez à me faire parvenir.

Signé, l'Ordonnateur, DONI.

Du 19 Pluviôse.

IL faut, mon cher camarade, que tu sois à la piste pour évacuer demain de ton hôpital, si le temps le permet, le plus de malades possible; & pour cela je te prie de bien t'entendre avec *Grand-maison*, pour avoir, tant des charrois que de la réquisition, toutes les voitures qui te seront utiles.

Signé, l'Ordonnateur, DONI.

N.° 495. Au Commissaire des guerres, DANGLADE.

Hôpitaux.

Du même jour.

JE t'informe que dans aucun cas, & sur aucun autre ordre que le mien, tu ne dois recevoir que les blessés à ton hôpital; on m'a parlé d'y placer des fièvreux; cette mesure serait désastreuse; tu auras égard à me référer de toute proposition qui te serait faite à ce sujet.

Signé, l'Ordonnateur, DONI.

N.° 497. Au Directeur de l'hôpital *Brutus*.

Hôpitaux.

Du même jour.

LES maladies des commissaires des guerres de cette armée, les empêchant de vaquer à leurs fonctions, & le service devenant de jour à autre plus pénible, j'ai cru devoir vous exposer qu'il serait nécessaire de prendre des précautions pour assurer le service de l'administration militaire qui pourrait manquer de jour à autre par le défaut des commissaires.——Le quartier-général de l'armée qui était à Toulouse à été supprimé; cette suppression à laissé beaucoup de commissaires des guerres sans fonctions; il s'en trouve dans le nombre de ceux-là qui sont instruits, & fort en état d'être utiles à l'armée des Pyrénées orientales; je proposerais d'en mander quelques-uns à Perpignan; & je suis persuadé que cette mesure procurerait une utilité réelle à l'armée; car enfin le ministre n'ayant jamais eu aucun égard aux différentes demandes de commissaires des guerres qui lui ont été faites par les ordonnateurs de cette armée, les représentans du peuple ont dû y suppléer & faire des nominations; mais les sujets, la plupart neufs à ce genre de travail, n'ont jamais pu dans le commencement produire

N.° 499. Aux Représentans du peuple.

Administration générale.

Sans réponse.

un grand avantage. Je dois vous observer, citoyens représentans, que le même inconvénient surviendrait si on n'adoptait pas les moyens que je propose, & par lesquels on pourra procurer à l'armée des travailleurs & des administrateurs instruits.

Je n'ai au surplus que le but de saisir une idée qui m'a semblé utile à mettre sous vos yeux.

Signé, l'Ordonnateur, DONI.

Du 19 Pluviôse.

N.° 500.

Au Commissaire DANGLADE.

Hôpitaux.

J'AI reçu, mon cher collègue, le procès-verbal que tu m'as adressé, relativement au refus de recevoir plus que 50 malades à l'hôpital de la Montagne ; je ne vois pas pourquoi on s'est cabré à tel point pour ne pas recevoir 20 malades de plus, ainsique m'a mandé le premier médecin *Roussillon*, que la chose pouvait se faire ; il résulterait de ces opiniâtretés d'hôpitaux entre hôpitaux, un très-grand mal, si on ne ramenait les agens aux bornes qui appartiennent à un chacun, & qui ne doivent permettre à tous les citoyens, que ce qui se rapporte à l'utilité générale ; c'est de quoi je m'occuperai.——— Je fais des vœux pour que le temps puisse te permettre une forte évacuation demain matin ; tu vois combien elle nous est utile &, je pense que tu feras tout ce qui convient pour la rendre efficace, par le grand nombre des malades dont tu la composeras ; & c'est ce que je te recommande au de-là de toute expression.

Signé, l'Ordonnateur, DONI.

Du 20 Pluviôse.

N.° 503.

Aux Représentans du peuple.

Hôpitaux.

Sans Réponse.

L'ÉTABLISSEMENT de l'hôpital Jacobin au local ci-devant St. Dominique, arrêté d'après vos ordres, & qui sera susceptible de recevoir 2000 malades, exigeant la plus grande promptitude dans son exécution, j'ai cru devoir vous rendre compte des mesures que j'ai prises pour en assurer les travaux & parvenir à le faire munir de fournitures suffisantes dans l'espace d'un mois, époque à laquelle cet hôpital peut être achevé.

Le directeur des travaux de l'armée vous a fait part de ses vues & de mon avis en suite, je désire que vous les adoptiez & par-là le mettiez à même d'opérer; quant à la partie des réparations dont il est chargé, je viens d'écrire au régisseur général des hôpitaux à Toulouse, pour qu'il ait à prendre tous les moyens qui sont en lui, à l'effet d'envoyer des fournitures pour 2000 hommes, en tout genre, & sur-tout que rien ne manque en effets, linges & ustensiles de toute espèce; je l'ai engagé à seconder son directeur principal de tous ses moyens, & je lui ai dit qu'il était nécessaire qu'il vînt ici juger par lui-même de tous les hôpitaux en général, pour lesquels il n'a jamais assez fait & auxquels il est enfin tenu de travailler.

J'ai écrit aussi, & d'une manière formelle, au directeur principal *Pankouke*, afin que son représentant, pendant sa maladie, fasse de son côté tout ce qui convient.

Il est d'urgence, & le salut de l'armée l'exige, que les représentans du peuple prennent le parti de requérir à Toulouse des médecins, chirurgiens & pharmaciens; les réquisitions des ordonnateurs, ou des chefs officiers de santé peuvent être contrariées par des vues particulières; celles des représentans justes comme la loi, seront exécutées sans récrimination.

Signé, l'Ordonnateur, DONI.

Du 20 *Pluviôse.*

N.° 505. Au Directeur principal des hôpitaux.

Je te préviens, citoyen directeur-principal, que les travaux de l'hôpital Jacobin, au local ci-devant St.-Dominique, vont aller avec rapidité: nous devons placer dans cet hôpital au moins 2000 malades: il faut en conséquence mille fournitures à deux places, & tous les effets & ustensiles nécessaires pour monter, sans que rien n'y manque, un établissement aussi considérable: tu feras donc de sorte qu'à partir d'un mois de ce jour, toute la partie qui te concerne pour l'hôpital Jacobin soit parfaitement en règle; je t'informe que j'écris par ce courrier au régisseur général *Sainsere*, pour qu'il te seconde de tous ses moyens, & qu'il use de tous ses pouvoirs pour mettre l'armée à portée de jouir de la satisfaction, de voir nos frères reçus convenablement dans l'hôpital Jacobin ; qui, par sa situation, son vaste emplacement & les commodités de tout genre qu'il présente, devra faire un superbe établissement & digne de son objet.——— Je compte sur ton zèle infatigable.

Signé l'Ordonnateur, DONI.

Du 25 Pluviôse.

N.° 536. Au Commissaire DANGLADE. Hôpitaux.

JE te renvoye, mon cher camarade, trois lettres du directeur de l'hôpital Marat; tu voudras bien traiter avec lui sur toutes ses demandes, ne le pouvant moi-même par le grand travail qui accroît journellement.

Je te prie une fois pour toutes, de prendre des mesures pour que les évacuations n'éprouvent plus les retards désastreux que la négligence leur fait essuyer.

Il est instant, mon camarade, que tu prennes les mesures que ta responsabilité & le bon ordre sur-tout exigent de toi.

Signé, l'Ordonnateur, DONI.

Du même jour.

N.° 537. Au Directeur de l'hôpital Brutus.

J'AI reçu, citoyen, ta lettre du jour d'hier, relative aux observations que tu fais, au sujet de la mesure proposée par le comité de santé, d'établir une buanderie à la Blanquerie pour tous les hôpitaux; je t'observe que c'est auprès du comité de santé que tu dois faire valoir tes réflexions, & j'espère qu'il les prendra en considération.

D'après ta lettre de ce jour, j'invite le commissaire des guerres *Angles* à passer la revue de tous les officiers de santé & autres employés attachés à l'hôpital dont la direction t'est confiée.

Signé, l'Ordonnateur, DONI.

Du même jour.

N.° 538. Au Commissaire ANGLES.

L'ARTICLE IX du titre XVI du règlement du 20 juin 1792, relatif aux hôpitaux, prescrivant, mon cher camarade, de passer la revue des officiers de santé, pharmaciens & autres employés attachés aux hôpitaux ; tu voudras bien t'y conformer ; en passant celle de ceux employés à l'hôpital dont la police t'est confiée ; je te prie de ne pas perdre cet objet de vue & de m'en rendre compte.

Signé, l'Ordonnateur, DONI.

Du 26 Pluviôse.

N.° 541. Au Commissaire GRAND-MAISON.

IL faut, mon cher camarade, que tu prennes tes dimensions pour que demain matin, à neuf heures au plus tard, toutes les voitures dont tu pourras disposer, soient rendues devant l'hôpital Marat, pour faire une évacuation qui a été déterminée, & que rien absolument ne peut faire manquer. Fais en sorte que nous ayons au moins vingt voitures ; les malades sont dans cet hôpital entassés les uns sur les autres.

Signé, l'Ordonnateur, DONI.

Du même jour.

N.° 542. Au citoyen JUÉ, Directeur des voitures de réquisition.

IL faut, citoyen, que sur ta responsabilité personnelle, tu prennes des mesures pour fournir demain matin, à neuf heures précises, le plus possible de voitures & le nombre de trente au moins, pour faire à l'hôpital Marat une évacuation qui vient d'être déterminée, & qu'aucun prétexte ne peut faire manquer.

Tu me rendras compte des dispositions que tu auras faites pour seconder la mienne.

Signé, l'Ordonnateur, DONI.

Du même jour.

N.° 543. A l'Ordonnateur en chef.

Nota. Sans réponse, malgré l'importance du rapport.

JE ferai chercher, citoyen, au bureau de l'hôpital Marat ce que peut être devenu le volontaire dont le général *Dugua* désire avoir des nouvelles ; il existe effectivement bien peu d'ordre dans les hôpitaux ; nous n'avons point de sujets au fait de ce détail ; tous ceux qu'on place dans cette partie tombent malades & périssent ; il faut les renouveller chaque jour par de nouveaux sujets qui n'y entendent rien.—— Ce m'est un grand chagrin d'être tous les jours le témoin de ces désastres : *Mes hôpitaux sont pleins, combles, & tout y manque : commissaires des guerres, directeurs, officiers de santé, employés, infirmiers, &c., &c. Je suis à bout, & je t'assure que je ne sais quel parti prendre.*

Signé, l'Ordonnateur, DONI.

Du 26 Pluviôse.

N.° 544.
Aux Représentans du peuple.

Sans réponse.

PAR mes précédens rapports, citoyens représentans, je vous ai mis sous les yeux l'état des hôpitaux; il était affligeant chaque jour, il le devient de plus en plus. Les commissaires des guerres *Danglade* & *Muxart*, chargés de leurs différentes polices, sont malades; les officiers de santé, directeurs & employés manquent absolument, & enfin toute cette administration est dans un état désespérant.—— Usez du droit que vous avez pour fournir à l'armée des commissaires des guerres & des officiers de santé dont elle a besoin, sans quoi le service ne peut se faire; je vous ai exposé la nécessité d'ordonner au régisseur général d'envoyer mille à douze cents fournitures pour l'établissement de l'hôpital Jacobin auquel on travaille.—— Je vous renouvelle cette demande avec la plus vive instance. Le temps redouble le mouvement de ses aîles.

Signé, l'Ordonnateur, DONI.

Du 27 Pluviôse.

N.° 545.
Au Directeur *par interim* de l'hôpital la Montagne.

JE suis au désespoir que le zélé *Muxart* soit malade, & qu'il me soit impossible de pourvoir de suite à son remplacement provisoire; la plupart des commissaires sont malades; je ne sais par qui le faire remplacer; je vais néanmoins prendre des mesures pour y parvenir d'une manière quelconque.

Signé, l'Ordonnateur, DONI.

Du

Du 27 Pluviôse.

N.° 549.

Au Directeur de l'hôpital Marat.

Je te préviens, citoyen, qu'il est déterminé qu'une forte & très-forte évacuation aura lieu demain à l'hôpital Marat; tu préviendras les officiers de santé de cette disposition, afin qu'ils désignent les malades.——— Les voitures seront rendues à neuf heures devant la porte de l'hôpital.——— Fais donc ensorte que tout soit prêt, sur ta responsabilité.

Signé, l'Ordonnateur, DONI.

Du même jour.

N.° 554.

Au citoyen BOIZOT, chirurgien-consultant de l'armée.

Il est nécessaire, citoyen, que tu renouvelles tes ordres aux officiers de santé, pour qu'ils apportent l'attention la plus scrupuleuse à l'examen des malades qui entrent aux hôpitaux, & que l'état de leurs maladies soit bien constaté avant d'y être admis : la moitié de l'armée entre aux hôpitaux ; nous sommes engorgés, & il est impossible que nous puissions soutenir cette position. Je te prie donc de régler, d'une manière fixe & invariable, l'ordre qui doit exister dans cet examen.

Signé, l'Ordonnateur, DONI.

Du même jour.

N.° 556.

Aux Représentans du peuple.

Hôpitaux.

Sans réponse.

Nous ne saurions tenir, citoyens représentans, à l'affluence des malades qui se présentent aux hôpitaux, malgré l'examen de chaque malade prescrit, malgré les recommandations multipliées adressées à l'état-major pour qu'il donne des ordres précis pour que les officiers & quartiers-maîtres ne signent aucuns billets d'hôpitaux, sans être bien & duement assurés que le porteur du billet est réellement malade & hors d'état de servir : il n'existe pas moins que sur cinquante qui arrivent, les deux tiers seraient en état de résister ; il est clair qu'ils ne cherchent autre chose que d'être évacués ; c'est un objet important, & qui réclame toute votre sollicitude.

Je vous invite à prendre mon avis en quelque considération, &, à porter un arrêté qui fasse supporter la plus grande responsabilité aux officiers & quartiers-maîtres des bataillons qui signeraient légèrement des billets d'hôpitaux : sans une mesure bien prononcée sur ce détail très-important, il est impossible que l'armée ne s'appauvrisse pas à vue d'œil, & que les subsistances destinées aux hommes vraiment malades, ne soient dévorées sans la moindre utilité pour la république.

Je suis instruit particulièrement que demain l'affluence sera prodigieuse aux hôpitaux ; je n'ai point de moyens d'y parer, & je demande qu'au moins les chefs des corps & les officiers chargés du détail, fassent strictement, & ainsi qu'il convient de le faire, leur devoir. Veuillez-bien, citoyens représentans, prendre une détermination à cet égard; l'intérêt de l'armée, la salubrité de Perpignan l'exige absolument.

Signé, l'Ordonnateur, DONI.

Du 28 Pluviôse.

N.° 560.

Au Directeur de l'hôpital de la Montagne.

JE te préviens, citoyen directeur, qu'il vient d'être déterminé que l'hôpital la Montagne recevrait tous les malades qui se présenteraient aujourd'hui; tu voudras bien en conséquence te prémunir de tout ce qui te paraîtra nécessaire à leur réception & au soulagement de nos frères d'armes, ainsi que pour le bien de la chose publique.

Signé, l'Ordonnateur, DONI.

Même date.

N.° 563.

Au même.

JE t'informe, citoyen, que tu dois faire toutes dispositions pour faire demain matin une évacuation de malades considérable; préviens-en les officiers de santé attachés à l'hôpital, afin qu'ils puissent en faire à temps la désignation qu'ils croiront convenable.

Signé, l'Ordonnateur, DONI.

Du 30 Pluviôse.

N.° 572.

Au citoyen GAU-

J'ai reçu, citoyen, ta lettre en date du 9 pluviôse, à laquelle était joint un modèle d'état des hôpitaux sédentaires & ambulans, & à portée de recevoir des malades, que tu désires qui soit rempli chaque décade, pour pouvoir déterminer les ressources, en proportion des besoins ; je te réponds à ce sujet que l'ordonnateur *Boiscler*, en chef de l'armée, ayant reçu de toi pareille lettre, & m'ayant en conséquence demandé l'état des hôpitaux de la place, je vais le lui adresser, à l'effet qu'il puisse y joindre la situation des hôpitaux de l'armée dans les neuvième & dixième divisions, & soit à même de te faire parvenir l'état général, ainsi que ce travail l'exige.

TIER, adjoint au Ministre de la guerre.

Hôpitaux.

Nous sommes encombrés de malades ; il nous en entre journellement quatre & cinq cents ; & malgré les évacuations journalières, nous sommes toujours à court d'emplacemens & de fournitures.

Nous formons en ce moment un établissement pour 2000 malades, que nous placerons dans la maison des ci-devant jacobins, & cet hôpital sera nommé Jacobin.

J'ai reçu ta lettre du 15 pluviôse, relative au rapport de la décision du ministre pour ce qui concerne les frais de voyage d'évacuation, fixés à 10 sous pour les officiers de santé & 5 sous pour les infirmiers ; je n'avais aucune connaissance de la décision du ministre, en date du 30 mai dernier, & jusqu'ici les officiers de santé & employés aux évacuations ont constamment été payés à raison de 30 sous par lieue ; j'ai maintenu cet usage parce que je l'ai trouvé établi, & le *maximum* ne serait pas une raison dans ce département, car on a bien de la peine à le faire exécuter ; & en route tous les employés & officiers de santé ne pourront suffire à leurs devoirs, si on leur supprime les frais de voyage qui leur étaient précédemment alloués. Tu vois, citoyen, que loin de supprimer les 10 sous par lieue, il faudrait au contraire laisser subsister les 30 sous.

Je dois t'observer que jamais nous n'avons eu connaissance de la décision du ministre qui n'accorde que 10 sous par lieue aux officiers de santé & employés, & 5 sous aux infirmiers. Au surplus, je vais prendre à cet égard toutes les mesures qui peuvent convenir, eu égard à la localité.

Je dois aussi t'exposer qu'outre la cherté excessive des vivres & la difficulté de s'en procurer, tous les officiers de santé & employés ſont malades; ils ont beſoin de ſoins, nous avons beſoin d'eux, & ce n'eſt pas le moment de les priver des moyens dont ils manqueraient par le rapport de la déciſion du miniſtre; nous venons de perdre le chirurgien-major *Dagneau*, l'aigle des gens de l'art; la plupart des officiers de ſanté ſont très-dangereuſement malades, & nous faiſons chaque jour de nouvelles pertes dans ce genre qui nous déſolent; il eſt néceſſaire que le conſeil de ſanté nous envoye des ſujets.

Signé, l'Ordonnateur, DONI.

Du 30 Pluviôſe.

N.° 573.

Au citoyen GAUTIER, adjoint au Miniſtre de la guerre.

Hôpitaux.

J'AI reçu, citoyen, ta lettre en date du 14 pluviôſe, par laquelle tu annonces qu'il doit être fait une diſtinction des officiers de ſanté de l'ambulance de ceux employés aux hôpitaux ſédentaires, qui comme tels n'ont droit de prétendre à aucune gratification de campagne, ni à aucun traitement acceſſoire.

J'ai bien penſé que la loi du 4 ſeptembre devait avoir ſa pleine & entière exécution, quant au traitement affecté aux officiers de ſanté de l'ambulance, & j'aurais fortement tenu la main à ce que les officiers de ſanté ſeuls deſtinés à faire campagne, reçuſſent leur traitement comme tels; mais les officiers de ſanté des hôpitaux fixes ayant adreſſé des réclamations aux repréſentans du peuple pour obtenir le même traitement que ceux de l'ambulance, il a été décidé par des arrêtés portés à ce ſujet, que les appointemens feraient uniformes pour tous les officiers de ſanté.

Si le décret du 7 août relatif au ſervice des hôpitaux eut été ſuivi d'une inſtruction définitive, claire, méthodique & préciſe, comme cela devait être, le miniſtre nous aurait épargné bien de diſcutions, des tracaſſeries & mille réclamations naiſſantes de l'obſcurité de cette loi du 7 août, ſuſpendue ſans que nous en ſuſſions rien, puis rétablie quant au tarif & ſans avoir égard à l'aſſimilation.

Nous attendons avec impatience un mode de payement invariable, & qui s'accorde avec les arrêtés des repréſentans du peuple & la loi du 7 août; jusques-là nous serons toujours dans les incertitudes, & il sera impossible de fixer à chacun ce qui lui revient.

Signé, l'Ordonnateur, DONI.

Du 30 Pluviôse

JE suis instruit, citoyen, qu'on apporte de la négligence aux évacuations; je t'en informe afin que tu redoubles de zèle, & que tu t'entendes sur ce service, avec intelligence & harmonie, concurremment avec les officiers de santé employés à l'hôpital Marat.

N.° 575. Au Directeur de l'hôpital Marat.

Signé, l'Ordonnateur, DONI.

Dudit jour.

JE t'informe, citoyen, que les hôpitaux de Perpignan souffrent de n'avoir point de commissaires pour leur police; *Muxart* & *Danglade* sont malades depuis long-temps; leur rétablissement traînera en longueur, & je ne puis laisser les hôpitaux très-conséquens de la Montagne & de Marat sans commissaires policiateurs; je te prie en conséquence de désigner deux commissaires des guerres pour cet objet important.

N.° 576. Au Commissaire-ordonnateur en chef, BOISCLER.

Sans réponse, malgré l'importance du rapport.

Je t'adresse l'état des hôpitaux de la place de Perpignan.

Signé, l'Ordonnateur, DONI.

Du 1.er Ventôse.

J'AI reçu, citoyen, dans une lettre de toi, en date du 19 pluviose, les articles IV & V du règlement des hôpitaux militaires, relatifs aux inhumations des militaires; j'en rappele à l'instant même aux commissaires des guerres chargés de la police des hôpitaux, les dispositions importantes; & je puis t'assurer que je tiendrai sévèrement la main à ce qu'elles soient remplies avec exactitude; leur intérêt & l'importance dont elles sont, te répondent d'avance de ma sur-

N.° 581. Au citoyen GAUTIER, adjoint au Ministre de la guerre.

Hôpitaux.

veillance & de mon zèle ; malheureusement je n'ai qu'une tête pour suffire aux immenses détails dont je suis chargé ; & obligé comme je le suis, d'être sédentaire au cabinet, je ne puis tout voir par moi-même.

J'ai aussi reçu ta lettre, en date du 20 pluviose, relative aux précautions à prendre pour l'entrée des malades aux hôpitaux ; j'aurai la plus grande attention que l'on se conforme strictement au décret de la Convention nationale, pour ce qui regarde l'entrée des malades aux hôpitaux : si pénétré que je sois de mes devoirs, tel désir que j'aye de les bien remplir, & malgré que je m'y porte avec tout l'empressement d'un administrateur patriote, je ne puis tout faire ; & si les commissaires des guerres nommés par les représentans manquent d'expérience & de moyens, on ne devra pas m'imputer les inconvéniens qui pourront résulter.

La plûpart des coopérateurs que j'ai sont malades ; les deux commissaires chargés des hôpitaux sont au lit depuis quinze jours, & je suis obligé de les suppléer dans leur service, qui cependant *ne devrait pas me faire quitter le mien.*

Nous perdons beaucoup d'hommes utiles ; les officiers de santé périssent, & nous éprouvons une fiévre catharale qui ne fait grâce à personne ; il semble que cette maladie se répande dans les départemens voisins : nos hôpitaux sont pleins, comblés ; & malgré des évacuations journalières, nous avons toujours dans Perpignan même 2500 à 3000 malades.——— Envoyez-nous des officiers de santé patriotes ; donnez des ordres pour que les fournitures répondent à nos besoins, & qu'enfin on nous envoie aussi des voitures suspendues, comme il en a été demandé à grands cris, & bien souvent ; car il est cruel d'être obligé d'évacuer journellement sur des voitures roulières : il semble que cette armée ne mérite que l'indifférence ou le mépris ; on ne s'en est jamais occupé que par grâce ; aussi toutes les parties ont elles été fortement négligées, par l'impossibilité d'obtenir tout ce qui devait monter l'administration d'une armée de cinquante à soixante mille hommes : au surplus l'Espagne est à l'ordre du jour ; l'armée des Pyrénées Orientales doit s'attendre qu'enfin on fera quelque chose pour elle.—— Je te recommande, citoyen, de ne pas perdre de vue que nous avons énormement de malades, & qu'il faut établir nos ressources en proportion de nos besoins.—— En calculant sur douze mille malades, on parviendra à fixer au juste les approvisionnemens en tout genre; c'est un cinquième de l'armée, & l'expérience a prouvé la justesse du calcul. Au nom de l'humanité, pense aux besoins de nos frères malades, & donne-nous la possibilité de les secourir.

Le régisseur général de Toulouse est attendu ici pour y organiser son service, & y préparer ses approvisionnemens; mais je doute qu'il ait assez de moyens, & je te supplie de donner des ordres à la régie des hôpitaux.

Signé, l'Ordonnateur, DONI.

Du 1.er Ventôse.

N.° 586.

Aux Représentans du peuple.

Sans réponse.

LA situation affligeante de l'administration militaire doit solliciter, citoyens représentans, tout votre intérêt; ce n'est pas seulement à Perpignan, mais à Narbonne, que le fléau destructeur d'un genre de maladie, à laquelle on résiste difficilement, se fait sentir & cause des pertes sensibles dans la vaste administration de l'armée.

La place de Narbonne souffre horriblement de n'avoir en ce moment, ni commissaires des guerres, ni officiers de santé, ni directeurs d'hôpitaux, ni infirmiers; celle de Perpignan n'est pas dans une position plus heureuse; mes coopérataurs sont gravement malades, & les directeurs & officiers de santé sont dans un état qui ne leur permet pas le moindre travail : nous avons cependant environ 2400 malades, & nous devons nous attendre à en voir augmenter le nombre. Par des rapports que je vous ai adressés précédemment, je vous ai exposé la nécessité de faire venir de Toulouse des commissaires des guerres & des officiers de santé; j'ignore si vous avez agrée cette mesure, mais jusqu'ici aucun résultat ne m'en est parvenu. J'ai rendu compte à l'ordonnateur en chef de notre position désastreuse; il a gémi tout comme moi.—— Je n'ai cessé de m'occuper de tous les moyens qui m'appartiennent; & de zèle & de cœur, j'ai fait tout ce qui a dépendu de moi pour la place de Perpignan, dont l'adminiſtration me regarde particulièrement; mais enfin je vois avec le plus grand chagrin qu'il eſt impoſſible de nous ſoutenir ſi nous ne ſommes aidés: & encore un coup, je demande à grands cris des commiſſaires & des officiers de ſanté.——— Il ſerait eſſentiel que vous vouluſſiez bien, citoyens repréſentans, nous faire appeler *Boiſcler* & moi, pour que nous puiſſions conférer avec vous des moyens que vous jugerez les plus propres au maintien de l'adminiſtration qui nous eſt confiée, & que des circonſtances cruelles rendent très-épineuſe : car enfin, que peut-on faire avec les meilleures vues, quand on manque de collaborateurs & des artiſtes néceſſaires ? Je vous prie, citoyens repréſentans, de diſſiper les inquiétudes mortelles qui m'inveſtiſſent en m'aidant de vos ſecours, pour le ſoulagement de nos frères & le bien de l'armée.

Signé, l'Ordonnateur, DONI.

Du 3 Ventôſe.

N.° 609.

Au citoyen MORTET, Directeur principal-proviſoire des hôpitaux.

JE te requiers, citoyen, au nom de l'humanité, de donner des ordres pour qu'on reçoive aux hôpitaux Marat & Lepelletier, les malades que le défaut de local à celui de la Montagne force de renvoyer; je te préviens que ce beſoin eſt urgent.

Signé, l'Ordonnateur, DONI.

Du même jour.

N.° 610.

Au même.

Nota. *La lettre a été répondue, mais les diſpoſitions n'ont point été exécutées.*

TU as preſcrit, citoyen, de ne pas recevoir de malades à l'hôpital de la Montagne, mais tu dois en même-temps aſſurer la poſſibilité de recevoir nos frères aux hôpitaux Marat & Lepelletier. Je te fais la recommandation la plus expreſſe de t'adonner tout entier aux ſoins des hôpitaux, en ce qui concerne ſur-tout les évacuations & le régime intérieur de ces établiſſemens. Je t'obſerve que les deux commiſſaires des guerres chargés de cette partie ſont malades; comme tu dois avoir la plus grande main ſur cette adminiſtration, qui mérite toute ton attention, je t'engage à ne pas perdre un moment pour

pour procurer à nos frères tous les secours qu'ils ont droit d'attendre de notre humanité & de notre reconnaissance.——Il est essentiel que tu sollicites vivement des évacuations journalières de deux à trois cents malades, que tu hâtes la régénération de l'hôpital la Montagne, que tu précipites, en tout ce qui dépendra de toi, les réparations ordonnées pour l'hôpital Jacobin, & qu'enfin aucun objet n'échappe ni à ton zèle, ni à ton intelligence. Il y a cent mille choses à faire pour établir dans les hôpitaux un ordre supportable; & je t'invite au nom de l'humanité à ne rien négliger; le moindre détail importe beaucoup à ce service, & je t'aiderai de tout mon cœur dans tout ce qui sera utile au bien & au soulagement de nos frères d'armes.

Signé, l'Ordonnateur, DONI.

Du 4 Ventôse.

N.° 612.

A l'Ordonnateur en chef, BOISCLER.

Nota. *Sans réponse, malgré l'importance de l'objet.*

JE te renouvelle la demande que je t'ai faite, citoyen ordonnateur, de deux commissaires des guerres, pour surveiller provisoirement le service des hôpitaux, jusqu'au rétablissement de la santé des commissaires *Muxart* & *Danglade*. Il est physiquement impossible que les directeurs, employés & officiers de santé, puissent se tenir chacun à leur poste, & faire régulièrement leur devoir, sans une surveillance active.

Je dois aussi parler pour moi; le défaut de commissaires des guerres m'oblige de visiter presque tous les jours trois hôpitaux, & d'ordonner le service & la marche des évacuations; & je t'avoue que je ne puis suffire pour ce travail, celui des objets relatifs à l'armée, au détail journalier qu'il entraîne, & à l'administration de la 10.e division militaire, qui exige un travail assidu & réfléchi.

Signé, l'Ordonnateur, DONI.

Du même jour.

N.° 614.

Au Directeur.

TU n'avais pas prévu comme tu le dis, citoyen, dans ta lettre en date du 3 ventôse, que l'hôpital de la Montagne ne pouvant plus re-

principal provisoire des hôpitaux.

Nota. *Cette lettre & la suivante annoncent que les dispositions prescrites n'ont point eu d'effet.*

cevoir de malades, les hôpitaux Lepelletier & Marat devaient les suppléer.——— J'en ai la preuve par le tourment que j'ai éprouvé de voir toute la journée nos frères venir chez moi se plaindre de ce qu'on ne voulait les recevoir nulle part.

Je sais bien qu'il ne dépend pas de toi de séconder les évacuations; & quand j'ai cherché à attirer ton attention sur cette partie importante, je prétendais qu'en qualité de chef d'administration des hôpitaux, & vu l'état de maladie des commissaires des guerres qui sont chargés de leurs polices, tu devais concilier les officiers de santé avec les employés & les moyens de transport, de manière à diriger convenablement le service. Je t'ai répondu verbalement au sujet de la paille que tu me demandes; je te répète qu'il m'est impossible de t'en faire donner, que celle des magasins doit être réservée pour le couchage des troupes campées, & que c'est spécialement à ton administration à t'en fournir. J'approuve à cet égard les mesures que tu m'annonces avoir prises pour y parvenir.

Je pense comme toi que nous avons peu d'espace aux hôpitaux pour la grande quantité d'entrans, mais enfin il faut y suffire, & tel est principalement ton devoir, tel était celui que *Pankouke* a toujours rempli avec zèle & activité, car il ne s'est jamais tenu au possible & a souvent fait l'impossible.

Depuis six mois nous faisons sans cesse la lutte avec peu de moyens & beaucoup de malades.——— Il ne faut pourtant pas que l'hôpital de la Montagne soit encombré au point de discontinuer les opérations relatives à sa régénération.——— Tu me répètes encore que les évacuations ne dépendent pas de toi; encore un coup je l'entends bien ainsi; mais je prétends qu'ayant en ma qualité d'ordonnateur & de temps immémorial invité les officiers de santé aux plus fortes évacuations, fondé sur la nécessité que nous en avons, c'est à toi, directeur-principal, à tout prévoir, & à te concerter sur tous les détails de ces opérations avec ceux qui y doivent concourir; il y a longtemps que je me suis particulièrement occupé d'améliorer dans tous les points le sort des malades, & personne ne doute que je n'aye fait à cet égard tout ce que je pouvais, même plus encore.

Signé, l'Ordonnateur, DONI.

Du 4 Ventôse.

Je te prie, citoyen, d'aviser aux moyens les plus expédiens pour faire placer de suite nos frères malades qui se présentent en foule à la porte des hôpitaux. N.° 615. Au Directeur-principal provisoire des hôpitaux.

Signé, l'Ordonnateur, DONI.

Dudit jour.

LES évacuations ont manqué aujourd'hui, citoyen; ce retard est désastreux pour les hôpitaux.——— Je te prie de faire rassembler à l'instant suffisamment de voitures roulières pour cent & tant de malades de l'hôpital de la Montagne & quarante de l'hôpital Marat. N.° 616. Au citoyen JUÉ, Directeur des voitures de réquisition.

Pour demain il est nécessaire que tu assures ton service d'une manière précise; & je compte que tu te donneras les mouvemens nécessaires pour requérir le commandant de la place, à l'effet que les voitures ne puissent sortir de la ville à vide.

Signé, l'Ordonnateur, DONI.

POUR copies extraites & conformes aux registres généraux, numéros III & IV de la correspondance du commissaire-ordonnateur des guerres de la dixième division militaire.

A Perpignan, le premier thermidor, seconde année de la République Française, une & indivisible.

L'adjoint au commissaire-ordonnateur de la dixième division militaire,

MARTIN.

Pour copie conforme à l'expédition qui est entre mes mains,

Le Commissaire-ordonnateur,

DONI.

J'ai soumis les preuves matérielles de mon administration pendant un temps moral, suffisant pour donner une idée de sa rapidité, attendu que je ne pouvais faire imprimer des volumes de correspondance....... J'ai donné une connaissance exacte de mes lettres & rapports sur les hôpitaux, aux représentans du peuple, à l'ordonnateur en chef & au directeur principal provisoire des hôpitaux; le tout est demeuré sans réponse ou sans exécution.......... L'opinion publique peut prononcer maintenant si je suis un fonctionnaire négligent, si j'ai montré de l'inertie ou de l'indifférence dans l'exercice de mes fonctions; & enfin si j'ai cessé un instant de mériter sa confiance.

Le commissaire-ordonnateur *Boiscler*, envoyé à Perpignan par le ci-devant pouvoir exécutif provisoire, pourra-t-il se disculper de son incurie, de son inertie & de son incapacité?

Pourquoi n'a-t-il pas répondu aux demandes que je lui ai faites diverses fois, de commissaires des guerres, dont lui seul, comme chef, pouvait opérer les mouvemens?...... Il a préféré accorder des congés à certains d'entr'eux & m'abandonner à moi-même, lorsque je lui démontrais l'état affligeant des hôpitaux, en le pressant de venir à mon secours.

Pourquoi cette modestie fatale que je n'ai pu vaincre, m'a-t-elle suggérée le cruel penser de me démettre en faveur de *Boiscler*, de la place d'ordonnateur en chef, pour rester sous ses ordres? Je croyais qu'à son âge il devait avoir plus d'expérience, & par conséquent pouvait être plus utile à la chose publique. Je ne connaissais pas *Boiscler*; j'ignorais qu'il fût nul, absolument nul, sans idées, sans plan, sans autre mérite que celui de savoir discuter froidement & mesquinement sur la loi, de mépriser tous ses camarades parce qu'ils ne sont pas de l'ancien régime, & de les juger sans talens, parce qu'ils n'ont pas comme lui rampé sous les premier commis de la guerre d'autre fois.

C'est donc *Boiscler* ton impéritie & ton inertie qui ont fait mon malheur; c'est toi qu'on doit accuser de négligence; c'est toi que j'en accuſe, & la négligence eſt un crime dans un gouvernement révolutionnaire. Je te dénonce à l'opinion publique ; lis la loi du 14 frimaire, & frémis de m'avoir victimé........

Dois-je exhumer *Peyron*, ci-devant commandant de la place, mon dénonciateur & mon bourreau tout-à-la fois ; *Mittié*, ex-préſident du tribunal, & *Riccord*, ci-devant accuſateur-militaire, du ſein de l'opprobre & du mépris où ces trois individus ſont tombés, par leurs immoralité révoltante ?........ Non, je les abandonne à l'exécration de Perpignan & de toute l'armée, qu'ils ont ſi bien méritée par leur odieuſe conduite.

La nullité du jugement rendu à mon égard par de pareils hommes, prouve ſuffiſamment la paſſion qui les a égarés, au point d'abuſer criminellement du caractère qui leur étaient confié par la loi, & ouvre une aſſez vaſte carrière à ma juſtification.

L'opinion publique ſaura diſtinguer les coupables dans cette affaire déſaſtreuſe où j'ai été ſacrifié, & les tribunaux ſauront les atteindre.

Ah ! ſans doute il ne ſera pas permis que je ſois le ſeul patriote de cette armée, qui n'ait à mêler aux chants d'allegreſſe, que nos victoires font retentir de toutes parts, que les accens du déſeſpoir & de la douleur, produits par l'injuſtice & la tyrannie. (1)

Perpignan, le 25 fructidor, 2.e année de la République françaiſe, une & indiviſible.

Vive le peuple !

Le Commiſſaire ordonnateur, DONI.

---

(1) Un arrêté des repréſentans du peuple *Milhaud* & *Soubrany*, en date du 25 fructidor, m'a rendu la liberté ; mais quoique je n'aye été ni deſtitué ni ſuſpendu de mes fonctions, il ne prononce point ſur mon état actuel, & me laiſſe à toute la rigueur de mon ſort.

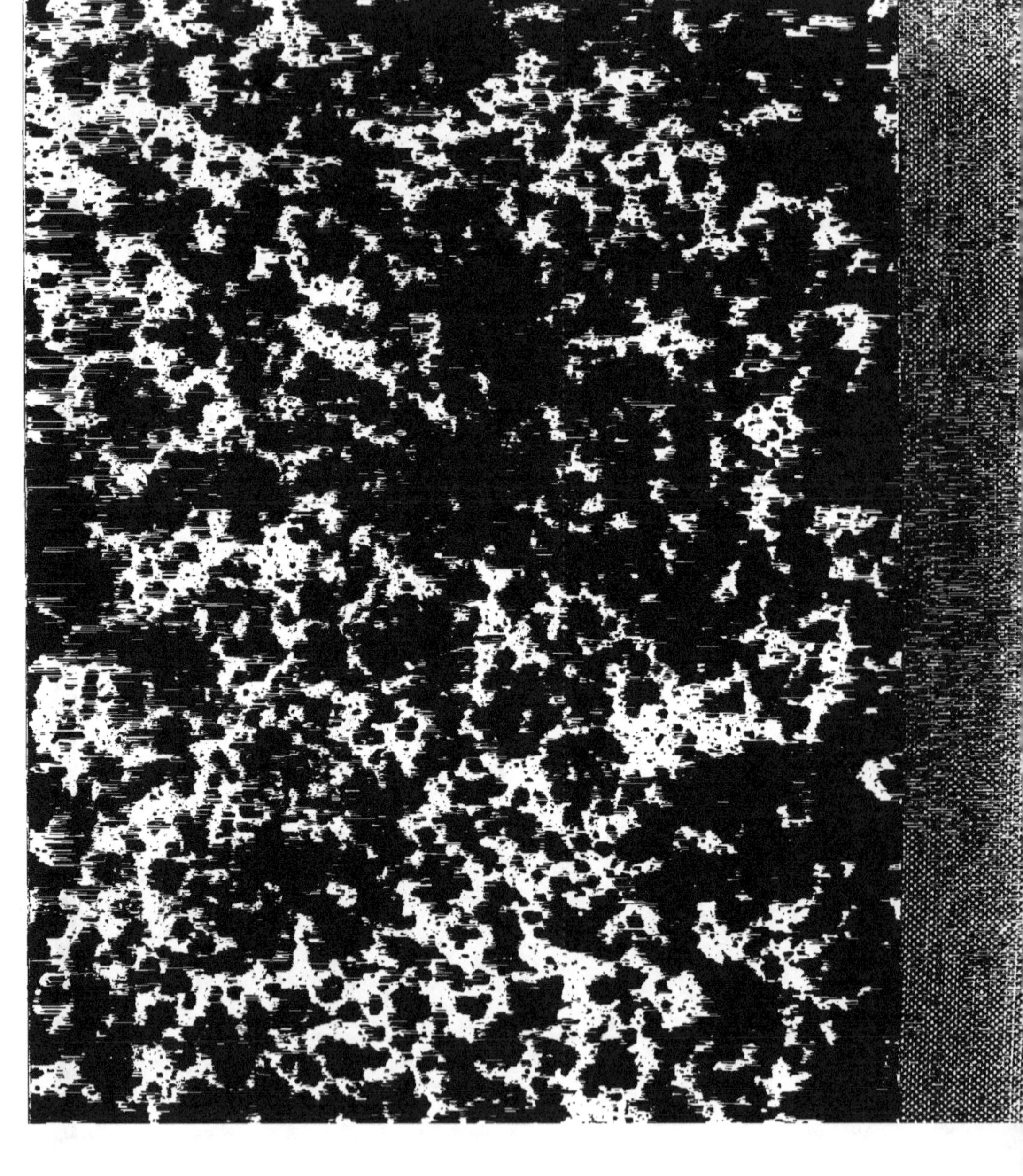

www.ingramcontent.com/pod-product-compliance
Lightning Source LLC
LaVergne TN
LVHW010036230826
846091LV00005B/1720

* 9 7 8 2 0 1 3 2 7 7 1 8 1 *